名探偵コナンの
暗号博士

DETECTIVE CONAN DOCTOR OF CRYPTOGRAPHY

[原作]青山剛昌

監修／国立研究開発法人情報通信研究機構（NICT）
サイバーセキュリティ研究所 セキュリティ基盤研究室

名探偵コナンの
暗号博士

目次《もくじ》

それが「暗号《あんごう》」の世界《せかい》…!!

「踊《おど》る人形《にんぎょう》」って知《し》ってるか?

踊《おど》る人形《にんぎょう》…?

ああ、あのシャーロック・ホームズの小説《しょうせつ》に出《で》てきた、人形《にんぎょう》が並《なら》んで踊《おど》ってる様《よう》な奇妙《きみょう》な絵柄《えがら》の事《こと》じゃろ?

あれは確《たし》か子供《こども》のラクガキに見《み》せかけた暗号《あんごう》……

ま、
まさかそれも!!

ああまちがいない!!

元太達《げんたたち》が見《み》つけた図形《ずけい》の配列《はいれつ》には、すべて●✡☽の三《みっ》つの図形《ずけい》が並《なら》んでくっついている!!

つまりこれは、ある規則性《きそくせい》をもった暗号《あんごう》だって事《こと》だ!!

そう…暗号《あんごう》なんだよ…

フフ…

クックックッ…

なんじゃ?うれしそーじゃのー、まさか読《よ》めるのかその暗号《あんごう》が…

いや、さっぱりわからねーよ、老人《ろうじん》の事《こと》も一円玉《いちえんだま》の事《こと》も…

だけど…

推理《すいり》という名《な》の頭脳戦《ずのうせん》。

オレの中《なか》のおさえきれねー好奇心《こうきしん》がな!!!
わくわくしちまうんだよ!!
わからなければわからねーほどうずくんだ!!

秘《ひ》められたメッセージを読《よ》み解《と》き、

1／2の頂点《ちょうてん》!!!
まてよ もしかしたら…
もしかしたら これは…
!?

真実《しんじつ》に迫《せま》る…!!

全《すべ》てつじつまが合《あ》う!!

『名探偵《めいたんてい》コナン』の推理《すいり》といえば、「暗号解読《あんごうかいどく》」も大《おお》きな見《み》どころだよね! 犯人《はんにん》の残《のこ》した手《て》がかりやメッセージを華麗《かれい》に読《よ》み解《と》くコナンは、まさに名探偵《めいたんてい》! でもその「暗号《あんごう》」って、いつの時代《じだい》から、どんなものがあったのだろう? この本《ほん》では、コナンのまんがを読《よ》みながらそんな暗号《あんごう》の世界《せかい》や歴史《れきし》を楽《たの》しく学《まな》ぶことができるんだ! さあ、キミもコナンと一緒《いっしょ》にワクワクの暗号《あんごう》の世界《せかい》をのぞいてみよう!

暗《あん》号《ごう》って何《なん》だろう？

暗《あん》号《ごう》が生《う》まれる前《まえ》は秘《ひ》密《みつ》の情《じょう》報《ほう》をどう隠《かく》していた？

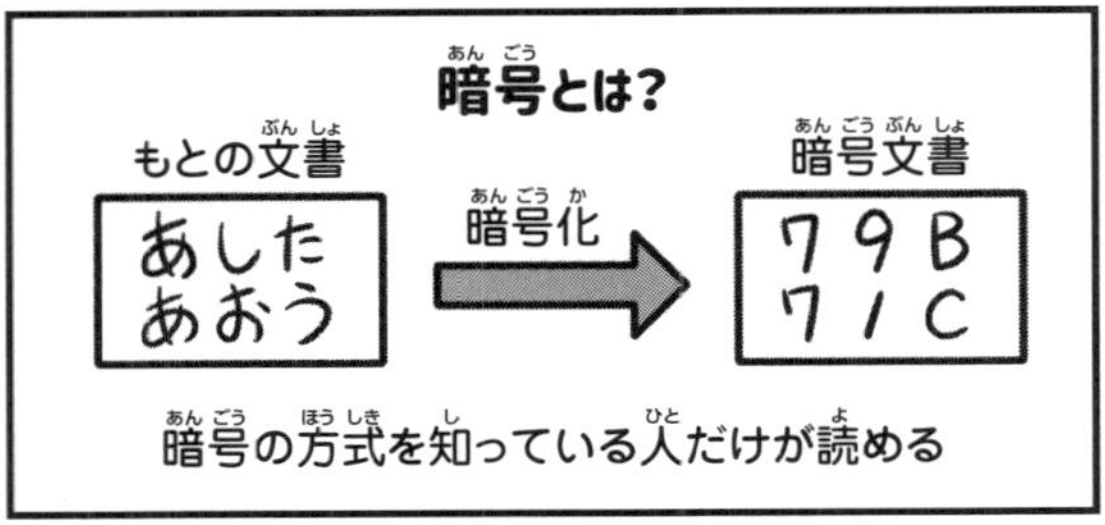
暗号《あんごう》とは？
もとの文書《ぶんしょ》
あした
あおう
暗号化《あんごうか》
暗号文書《あんごうぶんしょ》
79B
71C
暗号《あんごう》の方式《ほうしき》を知《し》っている人《ひと》だけが読《よ》める

誰《だれ》かに伝《つた》えたいことがあって手《て》紙《がみ》やメールを書《か》いて送《おく》っても、それを別《べつ》の人《ひと》に読《よ》まれてしまったら困《こま》るよね。大昔《おおむかし》の人々《ひとびと》はメッセージの秘《ひ》密《みつ》を保《たも》つために、まずメッセージの存《そん》在《ざい》そのものを隠《かく》そうとした。たとえば、あやしまれないような容《よう》器《き》の中《なか》に文《ぶん》書《しょ》を隠《かく》したり、あるいはレモン汁《じる》など乾《かん》燥《そう》すると無《む》色《しょく》になる液《えき》体《たい》で紙《かみ》に文《も》字《じ》を書《か》き、それに熱《ねつ》を加《くわ》えることで化《か》学《がく》反《はん》応《のう》を起《お》こして文《も》字《じ》が見《み》えるようになる「あぶり出《だ》し」の原《げん》理《り》を利《り》用《よう》したんだ。

暗号《あんごう》が生《う》まれる前《まえ》はメッセージを隠《かく》していた
こうげきは
あす7じ
本《ほん》や箱《はこ》に隠《かく》す
あぶり出《だ》し

しかし、単《たん》にメッセージの存《そん》在《ざい》を隠《かく》すだけだと、相《あい》手《て》に見《み》つかったらすぐに内《ない》容《よう》がばれてしまうよね。そこで、特《とく》殊《しゅ》な方《ほう》式《しき》で文《も》字《じ》を変《へん》形《けい》させ、その方《ほう》式《しき》を知《し》っている人《ひと》だけが内《ない》容《よう》を理《り》解《かい》できる暗《あん》号《ごう》が生《う》まれたんだ。

なおこの本《ほん》では、こうした本《ほん》来《らい》の定《てい》義《ぎ》にあたる暗《あん》号《ごう》のほかにも、ヒエログリフ、点《てん》字《じ》、モールス信《しん》号《ごう》などのように「内《ない》容《よう》を隠《かく》すためではなく伝《つた》えるために一《いっ》般《ぱん》的《てき》に用《もち》いられているけど、しくみを知《し》らないと暗《あん》号《ごう》のように見《み》えるもの」も紹《しょう》介《かい》しているよ。

他人《たにん》に知《し》られたくない情報《じょうほう》を守《まも》るために暗号《あんごう》を活用《かつよう》

現代《げんだい》はデジタル情報《じょうほう》を守《まも》るために暗号《あんごう》が活用《かつよう》されている

大切《たいせつ》な情報《じょうほう》の秘密《ひみつ》を守《まも》るために昔《むかし》も今《いま》も暗号《あんごう》は欠《か》かせない

ネットワークへの不正《ふせい》なアクセスによって、会社《かいしゃ》や個人《こじん》の重要《じゅうよう》な情報《じょうほう》が流出《りゅうしゅつ》したというニュースを聞《き》いたことがあるよね。そうした情報《じょうほう》を守《まも》るために、昔《むかし》も今《いま》も暗号《あんごう》は大切《たいせつ》な役割《やくわり》を果《は》たしているんだ。

国同士《くにどうし》が激《はげ》しい戦争《せんそう》を行《おこな》っていたような時代《じだい》は、軍《ぐん》を動《うご》かすための指令《しれい》を敵《てき》に知《し》られないよう伝《つた》えなければいけなかった。そのため、国《くに》を治《おさ》める権力者《けんりょくしゃ》たちは暗号《あんごう》の開発《かいはつ》や使用《しよう》に熱心《ねっしん》だった。また、国家《こっか》の安全《あんぜん》保障《ほしょう》にまつわる機密情報《きみつじょうほう》を取《と》り扱《あつか》うスパイたちにとっても、敵《てき》に内容《ないよう》を知《し》られることなく仲間《なかま》にメッセージを送《おく》るために、情報《じょうほう》の暗号化《あんごうか》は欠《か》かせなかったんだ。

情報《じょうほう》の秘密《ひみつ》を守《まも》る必要《ひつよう》があるのは一般《いっぱん》の人々《ひとびと》も同《おな》じだ。中世《ちゅうせい》のヨーロッパでは、親《おや》が子《こ》どもに「あからさまに愛情《あいじょう》を表現《ひょうげん》してはいけない」と厳《きび》しく教《おし》えていて、勝手《かって》に子《こ》どもの手紙《てがみ》を盗《ぬす》み見《み》ることがあった。そこで当時《とうじ》の若者《わかもの》の中《なか》には、恋人《こいびと》との手紙《てがみ》が見《み》つかった時《とき》に備《そな》えてメッセージを暗号化《あんごうか》する人《ひと》もいたようだよ。

通信《つうしん》ネットワークが発達《はったつ》した現代《げんだい》も、デジタル化《か》した情報《じょうほう》を守《まも》るために暗号《あんごう》が活用《かつよう》されているよ。

暗号《あんごう》のやり取《と》りに必要《ひつよう》なものは？

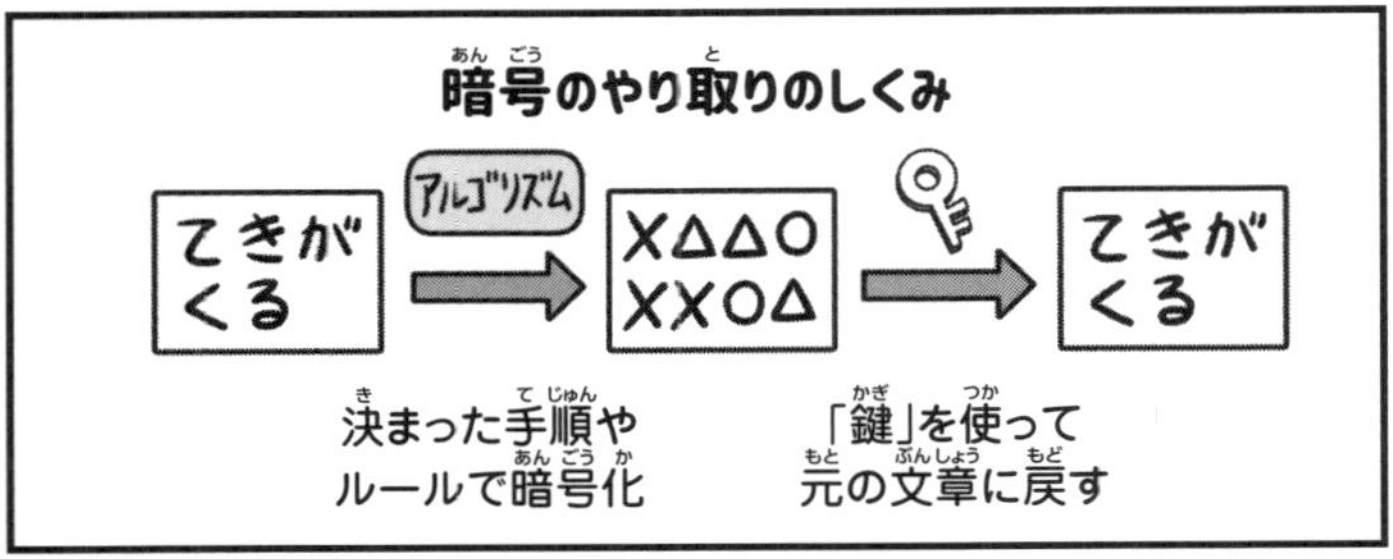
暗号《あんごう》のやり取《と》りのしくみ
てきがくる
アルゴリズム
XΔΔO
XXOΔ
てきがくる
決《き》まった手順《てじゅん》やルールで暗号化《あんごうか》
「鍵《かぎ》」を使《つか》って元《もと》の文章《ぶんしょう》に戻《もど》す

メッセージを暗号《あんごう》で伝《つた》えるには、まずは決《き》まった手順《てじゅん》やルールにのっとって暗号文《あんごうぶん》へと変形《へんけい》する必要《ひつよう》がある。その手順《てじゅん》やルールとして定《さだ》めたものを「暗号《あんごう》アルゴリズム（※1）」といい、これまでシーザー暗号《あんごう》や上杉暗号《うえすぎあんごう》などたくさんの種類《しゅるい》が考《かんが》え出《だ》されてきたよ。

暗号《あんごう》のやり取《と》りでもう一《ひと》つ必要《ひつよう》なのは、メッセージを受《う》け取《と》った人《ひと》が暗号文《あんごうぶん》を元《もと》の文章《ぶんしょう》へと戻《もど》すこと。そのためには「どんなアルゴリズムで暗号化《あんごうか》されていて、どうすれば解読《かいどく》できるか」というしくみを知《し》っていなければいけない。そうした暗号化《あんごうか》や復号《ふくごう》（※2）に必要《ひつよう》なデータを「鍵《かぎ》」という。つまり、メッセージを送《おく》る人《ひと》がアルゴリズムで情報《じょうほう》に鍵《かぎ》をかけ、受《う》け取《と》る人《ひと》がその鍵《かぎ》を開《あ》けるんだ。

「鍵《かぎ》」の受《う》け渡《わた》しの注意点《ちゅういてん》
事前《じぜん》にちゃんと渡《わた》す
秘密《ひみつ》を守《まも》る

秘密《ひみつ》の鍵《かぎ》で暗号化《あんごうか》したメッセージを復号《ふくごう》できるよう、暗号《あんごう》のしくみを相手《あいて》に伝《つた》える「鍵《かぎ》の受《う》け渡《わた》し」という行為《こうい》も忘《わす》れてはいけない大切《たいせつ》なことだ。ただし、ほかの人《ひと》に鍵《かぎ》の存在《そんざい》を知《し》られて盗《ぬす》まれてしまったら、暗号化《あんごうか》した意味《いみ》がない。たとえば、暗号文《あんごうぶん》の受《う》け渡《わた》しとは別《べつ》のタイミングでひそかに秘密《ひみつ》の鍵《かぎ》を教《おし》えたり、その内容《ないよう》をなるべく紙《かみ》やデータなど他人《たにん》が手《て》にできる形《かたち》で残《のこ》さないようにするなど、鍵《かぎ》の受《う》け渡《わた》しは安全《あんぜん》に行《おこな》う必要《ひつよう》があるよ。

※1 アルゴリズム：問題《もんだい》を解決《かいけつ》するための方法《ほうほう》や手順《てじゅん》
※2 復号《ふくごう》：暗号文《あんごうぶん》を元《もと》の文章《ぶんしょう》に戻《もど》すこと。「鍵《かぎ》」を知《し》らない人《ひと》が暗号文《あんごうぶん》を読《よ》み解《と》こうとすることは「解読《かいどく》」という

暗号《あんごう》は解読《かいどく》されることによってどんどん進化《しんか》してきた

国家《こっか》の機密情報《きみつじょうほう》など暗号化《あんごうか》されるほど重要《じゅうよう》な情報《じょうほう》は、その内容《ないよう》を知《し》るため解読《かいどく》しようとする者《もの》が必《かなら》ず現《あらわ》れる。暗号《あんごう》には何《なに》かしらの規則性《きそくせい》があるため、作《つく》った人《ひと》がいくら「これなら解読《かいどく》できないだろう」と自信《じしん》を持《も》っていても、解読《かいどく》されない可能性《かのうせい》はゼロではない。

たとえば、古代《こだい》ローマのシーザー将軍《しょうぐん》が使《つか》ったとされる「シーザー暗号《あんごう》」の原理《げんり》は、大切《たいせつ》な情報《じょうほう》の秘密《ひみつ》を守《まも》る手段《しゅだん》としてヨーロッパで数百年《すうひゃくねん》にわたって使《つか》われた。しかし、9世紀《せいき》ごろにアラビアで解読法《かいどくほう》が発見《はっけん》され、暗号化《あんごうか》のしくみを知《し》られてしまったんだ。

では、これまで安全《あんぜん》と思《おも》われていた暗号《あんごう》が使《つか》えなくなったらどうすればいいか。それは、より複雑《ふくざつ》な暗号《あんごう》をつくって見破《みやぶ》られないようにするしかない。このように開発《かいはつ》と解読《かいどく》がくり返《かえ》されることによって、暗号《あんごう》は生物《せいぶつ》の生存競争《せいぞんきょうそう》のように進化《しんか》していったんだ。近年《きんねん》のネットワーク社会《しゃかい》においても、デジタル技術《ぎじゅつ》によって暗号化《あんごうか》したみんなの大切《たいせつ》な情報《じょうほう》を誰《だれ》かに解読《かいどく》されて盗《ぬす》まれないよう、さまざまな研究機関《けんきゅうきかん》がより高度《こうど》な暗《あん》号技術《ごうぎじゅつ》の研究《けんきゅう》・開発《かいはつ》に取《と》り組《く》んでいるよ。

暗号《あんごう》の歴史《れきし》は「発明《はつめい》」と「解読《かいどく》」のくり返《かえ》し

暗号《あんごう》ができた!
分《わ》かったぞ
新《あたら》しい暗号《あんごう》を考《かんが》えるぞ

暗号《あんごう》が登場《とうじょう》する
「コナン」のセレクション
まんがを読《よ》み

暗号《あんごう》の解説《かいせつ》ページを
理解《りかい》する。それがこの本《ほん》を
楽《たの》しむ真髄《しんずい》だ！

名探偵《めいたんてい》コナンの暗《あん》号《ごう》博士《はかせ》の楽《たの》しみ方《かた》

ステップ1

まんがを読《よ》んで、どんな暗号《あんごう》が登場《とうじょう》しているかチェック！

「コナン」から厳選《げんせん》されたまんがを読《よ》んで、物語《ものがたり》の中《なか》にどんな暗号《あんごう》が登場《とうじょう》していたかを知《し》ろう。

ステップ2

解説《かいせつ》ページをしっかり読《よ》んで実際《じっさい》の暗号《あんごう》の仕《し》組《く》みを知《し》ろう！

解説《かいせつ》を読《よ》めば暗号《あんごう》の仕《し》組《く》みだけでなく、世界《せかい》の歴史《れきし》の中《なか》で暗号《あんごう》がどう使《つか》われてきたかも分《わ》かるぞ。

ステップ3

初級《しょきゅう》から、中級《ちゅうきゅう》、上級《じょうきゅう》へとステップアップしていくと…

より高度《こうど》な謎《なぞ》を秘《ひ》めた暗号《あんごう》が登場《とうじょう》！ 暗号《あんごう》について理解《りかい》が深《ふか》まり、未来《みらい》の暗号《あんごう》のことも分《わ》かる!?

暗号《あんごう》博士《はかせ》<入門編《にゅうもんへん》01>

「暗《あん》号《ごう》表《ひょう》入《にゅう》手《しゅ》」

「名《めい》探《たん》偵《てい》コナン」初《はつ》の

暗《あん》号《ごう》にチャレンジ!!

コミックス
4巻《かん》に収録《しゅうろく》
!!!

歩《あゆ》美《み》や元《げん》太《た》、光《みつ》彦《ひこ》が熱《ねっ》心《しん》に話《はな》しているのは一《いっ》体《たい》!? 気《き》になるコナンは?

——帝丹小学校《ていたんしょうがっこう》——
だから さっきからオレが いってんだろ?
ダイタ星《せい》っていう 硬《かた》い星《ほし》があって よ——
ワイワイ
そんな星《ほし》 ありません よ…
ガヤガヤ
じゃー このタヌキさん は——?
ん?
どうか したの?
あ、 コナン君《くん》!
そうだ! コナン君《くん》に 解《と》いてもらおうよ この暗号《あんごう》…
暗号《あんごう》…?
ほら これよ!
!

コナンはすぐに分《わ》かったようだけど、キミは解読《かいどく》できたかな？

ヒントはイラストのタヌキにあるぞ！ 答《こた》えは次《つぎ》のページに!!

だいたせいかたい
きたみは
たてたんさたいだ
………

これ、解《と》くとなんかあるの？

仮面《かめん》ヤイバー人形《にんぎょう》がもらえるのよ!!

仮面《かめん》ヤイバー…？

ほら、今《いま》東都《とうと》タワーでやってる仮面《かめん》ヤイバーのイベントにお父《とう》さんと行《い》ったのよ！

そしたら暗号《あんごう》コーナーっていうのがあって、これ解《と》いたら人形《にんぎょう》がもらえるっていってたの！

でも結局《けっきょく》、お父《とう》さん解《と》けなくて…

それであいつらに頼《たの》んだってわけか。

きっとこれは、逆《さか》さに読《よ》むんですよ！

『大田《だいた》さん建《た》てた、タヌキは見《み》た聞《き》いた…』

逆《さか》さに読《よ》むなんてどこに書《か》いてあんだよ？

そ、それは…

だいたせいかたい
きたみは
たてたんさたいだ
おいコナン！やっぱりこれダイタ星《せい》の事《こと》だよな？

な？

……

前《まえ》のページの暗号《あんごう》の答《こた》えは…!?

歩美《あゆみ》ちゃんたちが見《み》せた東都《とうと》タワーのイベントの暗号《あんごう》メッセージ。その中《なか》から「た」の文字《もじ》を抜《ぬ》いて読《よ》めば解読《かいどく》できるぞ。

大正解《だいせいかい》!
君《きみ》は天才《てんさい》だ!!

このタヌキはキーワードになっていて、
「タ」を抜《ぬ》けっていう意味《いみ》なんだ!
だから「た」を抜《ぬ》いて読《よ》むと…
だいたせいかたい きたみは たてたんさたいだ
だい、せいか、いき、みはて、んさ、いだ…

▲▶紙《かみ》に描《か》かれたタヌキの絵《え》の意味《いみ》に気《き》づけるかが、解読《かいどく》のポイントだったぞ。

暗号《あんごう》を簡単《かんたん》に解読《かいどく》したコナン! その鮮《あざ》やかさに、みんなびっくり!!

◀▼小林少年《こばやししょうねん》は江戸川乱歩《えどがわらんぽ》の推理小説《すいりしょうせつ》に登場《とうじょう》した「少年探偵団《しょうねんたんていだん》」の一員《いちいん》。帝丹小学校《ていたんしょうがっこう》の少年探偵団《しょうねんたんていだん》は、これがモデル。

すっごーいコナン君《くん》!!!
頭《あたま》いーー!!!

少年探偵団《しょうねんたんていだん》の小林少年《こばやししょうねん》みたーい!!
そ、そぉ…

みんなが解《と》けなかった暗号《あんごう》をすぐに解《と》いたコナンに、歩美《あゆみ》ちゃんもビックリ!! まさに「君《きみ》は天才《てんさい》だ!!」といいたくなる名推理《めいすいり》だね。

暗号《あんごう》ファイル1 分《ぶん》置《ち》式《しき》暗《あん》号《ごう》

余《よ》分《ぶん》な文《も》字《じ》を取《と》ればメッセージが読《よ》める

ちありしたちの
ろちりくじちに
ちあちおう

ちりとり→「ち」「り」以外《いがい》の字《じ》を読《よ》む

だれかが
いっていた
すいーつに
きょうみがある

頭文字《かしらもじ》だけを読《よ》む

一見《いっけん》すると普通《ふつう》の文《ぶん》に暗号《あんごう》が隠《かく》されている！

分置《ぶんち》とは「分《わ》けて置《お》く」こと。つまり、伝《つた》えたい言葉《ことば》の間《あいだ》に別《べつ》の文字《もじ》を置《お》いて分《わ》けることで、元《もと》の言葉《ことば》が分《わ》からないよう暗号化《あんごうか》したものを「分置式暗号《ぶんちしきあんごう》」というんだ。

ただし、でたらめに分置《ぶんち》すると解読《かいどく》できないので、ある一定《いってい》のルールで文字《もじ》を置《お》く必要《ひつよう》がある。たとえば、コナンが解読《かいどく》した「たぬき言葉《ことば》（「た」を抜《ぬ》く）」のように、ダジャレのようなルールで余分《よぶん》な文字《もじ》を入《い》れるんだ。確実《かくじつ》に解読《かいどく》してほしい場合《ばあい》は、ヒントを書《か》くといいよ。ほかにも、各行《かくぎょう》の頭文字《かしらもじ》をつなぎ合《あ》わせることでメッセージが表《あらわ》れる文章《ぶんしょう》も分置式暗号《ぶんちしきあんごう》だ。

分《ぶん》置《ち》式《しき》暗《あん》号《ごう》のヒント例《れい》

とりい
↓
「い」を取《と》る

けむし
↓
「け」を無視《むし》

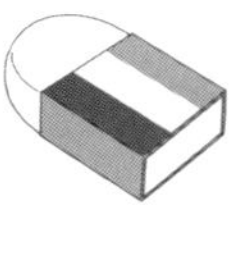

けしごむ
↓
「ご」「む」を消《け》す

分《ぶん》置《ち》式《しき》暗《あん》号《ごう》を解《かい》読《どく》せよ!

1

ひあひひすひ
くひひじひに
ひこうひえんで
あひひおひう

※ひとりでよんでね

2

めこんねがや
がぼねくのが
いねめえねに
ねきががてめ

3

てつとくとえの
うてなてかんに
かうとぎてがん
んあてうるとよ

4

たったいま
すきなひとに
けっこんしようと
てがみをおくった

[答《こた》え]❶「あすくじにこうえんであおう」(「ひとり」=「ひ」を取《と》って読《よ》む)❷「こんやぼくのいえにきて」(「むしめがね」=「め」「が」「ね」を無視《むし》して読《よ》む)❸「つくえのなかにかぎがあるよ」(「てんとうむし」=「て」「ん」「と」「う」を無視《むし》して読《よ》む)❹「たすけて」(各行《かくぎょう》の頭文字《かしらもじ》を右《みぎ》から左《ひだり》につなげて読《よ》む)

暗号《あんごう》を解読《かいどく》したみんなは東都《とうと》タワーへ!!

暗号《あんごう》を解《と》くと賞品《しょうひん》がもらえるらしいが、子《こ》どもだけでは行《い》けない。頼《たの》める保護者《ほごしゃ》といえば…。

よーし、今度《こんど》の土曜《どよう》、みんなで東都《とうと》タワーに行《い》って仮面《かめん》ヤイバー人形《にんぎょう》もらってこよーぜ!!

でも、誰《だれ》に連《つ》れてってもらうの?

お父《とう》さん、二度《にど》も連《つ》れてってくれないよ…

オレの母《かあ》ちゃんも家《いえ》の仕事《しごと》が忙《いそが》しいし…

ボクん家《ち》も…

………

保護者《ほごしゃ》ね———…

コナンたちの前《まえ》に新《あら》たな「暗号《あんごう》」が出現《しゅつげん》!!

保護者《ほごしゃ》として蘭《らん》についてきてもらい、東都《とうと》タワーに来《き》たコナンたち。ところが、そこにはイベントとは別《べつ》の難解《なんかい》な暗号《あんごう》が待《ま》ち受《う》けていた!?

—東都《とうと》タワー—

いーいみんな!

6時《じ》になったらおねーさんのいるこの展望台《てんぼうだい》に戻《もど》って来《く》るのよ——!!

はーい!

やっぱ蘭《らん》しかいねーよな…

袋《ふくろ》の中《なか》には謎《なぞ》の絵《え》が描《か》かれた紙《かみ》が!?

歩美《あゆみ》ちゃんがもらった人形《にんぎょう》を入《い》れた紙袋《かみぶくろ》を、誰《だれ》かがまちがえて持《も》っていってしまった。残《のこ》った別《べつ》の紙袋《かみぶくろ》の中《なか》には、謎《なぞ》の記号《きごう》が描《か》かれた紙《かみ》が入《はい》っていた。すぐにまちがえた人《ひと》が戻《もど》って一件落着《いっけんらくちゃく》したが、あれは何《なに》かの暗号《あんごう》だった!?

なんだこりゃ?
ORO
あのー、
あーー
わたしの袋《ふくろ》~~~!!
あ、やっぱり…

手《て》に入《い》れた謎《なぞ》の絵《え》は宝《たから》の場所《ばしょ》を示《しめ》している!?

謎《なぞ》の紙《かみ》は暗号《あんごう》で書《か》かれた宝《たから》の地図《ちず》だと考《かんが》えた元太《げんた》は、みんなで宝探《たからさが》しをしようと提案《ていあん》!

よーし、明日《あした》みんなで宝探《たからさが》しだー!!
オーッ
宝《たから》ねぇ…

▲元太《げんた》が記号《きごう》の紙《かみ》を隠《かく》し持《も》っていた。これを解《と》けば、何《なに》かが見《み》つかる!?

謎《なぞ》の記号《きごう》が描《か》かれた1枚《まい》の紙《かみ》。8つの絵《え》は、何《なに》を意味《いみ》する!?

一番上《いちばんうえ》に描《か》かれた記号《きごう》は、どうやらコナンたちが行《い》った東都《とうと》タワーを表《あらわ》しているらしい。それ以外《いがい》の記号《きごう》にはどういう意味《いみ》が? そして「ORO《オーアールオー》」の文字《もじ》は何《なに》を表《あらわ》しているのかな!?

みんなもコナンといっしょに考《かんが》えてみよう!!

コナン君《くん》なにかわかった?
う、うん…ほかの図形《ずけい》の事《こと》なんだけど…これって何《なに》かを略《りゃく》した形《かたち》じゃないかなーって…
たとえば、タワーの下《した》の図形《ずけい》は帽子《ぼうし》、その下《した》は下着《したぎ》、その下《した》は蝶《ちょう》ネクタイ…
そして、これらを結《むす》ぶものといえば…
あ、あった! ORO《オーアールオー》=金《ゴールド》!!
ornitorinco (名・男)
órno (名・男) [植]=orene
òro (名・男) ①金(Au), 黄金. ~ nero 石炭,石油. d'~
②金貨,金銭,富. bue d'~
イタリア語《ご》で金《ゴールド》だ!!!
じゃ、じゃあ、まさかこの暗号《あんごう》…
本当《ほんとう》に宝《たから》の場所《ばしょ》を…
ORO

つ、月見《つきみ》通《どお》り!!
まさか…タワーの横《よこ》の月《つき》は月見通《つきみどお》りを意味《いみ》してるんじゃ…
とにかく行《い》ってみよーぜ!
ROAD MAP
月見通り

▲紙《かみ》に書《か》かれた文字《もじ》は「金《ゴールド》」という意味《いみ》。それが宝《たから》の正体《しょうたい》か!?

▶東都《とうと》タワーの横《よこ》に描《えが》かれた月《つき》の記号《きごう》は、月見通《つきみどお》りの意味《いみ》なのか!?

この暗号《あんごう》は、東都《とうと》タワーから南部水族館《なんぶすいぞくかん》までの地図《ちず》!!
つまり、月見通《つきみどお》りに点在《てんざい》する看板《かんばん》を描《か》き並《なら》べた物《もの》なんだ!!
ORO

記号《きごう》は実際《じっさい》の「建物《たてもの》」や「看板《かんばん》」? 宝《たから》の隠《かく》し場所《ばしょ》は「月見通《つきみどお》り」に!?

コナンは暗号解読《あんごうかいどく》に苦戦《くせん》しながらも、紙《かみ》に描《か》かれた記号《きごう》が東都《とうと》タワーから南部水族館《なんぶすいぞくかん》までの地図《ちず》だと予測《よそく》する。宝《たから》は、2つの建物《たてもの》をつなぐ月見通《つきみどお》りのどこかにある!?

ど、どういう事《こと》だ？
月見通り
山越街道
南部水族館
月見《つきみ》通《どお》りは、東都《とうと》タワーから南部水族館《なんぶすいぞくかん》までの道《みち》…
この間《あいだ》に5番目《ばんめ》の看板《かんばん》がないわけないのにどうして…？

▲コナンの最初《さいしょ》の推理《すいり》はまちがい!? しかし…。

それともオレの推理《すいり》がまちがってる!?

暗号《あんごう》を書《か》いた人物《じんぶつ》は「イタリア人《じん》」？それが真《しん》の答《こた》えにたどりつく手《て》がかり!?

まさかあいつら…
逃走中《とうそうちゅう》のイタリアの強盗団《ごうとうだん》!?
ゲーム

もしそうなら…
ORO
イタリア語《ご》でORO《金》って書《か》いてあるのもうなずける…

………まてよ…
これを書《か》いた人物《じんぶつ》がイタリア人《じん》だとしたら…
この月《つき》って…

暗号《あんごう》の地図《ちず》をもとに探《さが》しても宝《たから》は見《み》つからなかった。しかし、記号《きごう》を描《か》いた人物《じんぶつ》がイタリア人《じん》だと知《し》ったコナンは、暗号《あんごう》が示《しめ》す本当《ほんとう》の意味《いみ》に気《き》づく。宝《たから》を見《み》つけて、その裏《うら》にある事件《じけん》も解決《かいけつ》だ!!

ほんじゃーそろそろ行《い》くとすっか…

宝探《たからさが》しによ!!!

暗号《あんごう》ファイル② ヒエログリフ

象形文字《しょうけいもじ》で「音《おと》」と「意味《いみ》」を表《あらわ》す

表音文字《ひょうおんもじ》

A《エー》
（エジプトハゲワシ）

C《シー》
（折《お》りたたんだ布《ぬの》）

表意文字《ひょういもじ》

歩《ある》く

月《つき》

ヒエログリフは世界《せかい》で最《もっと》も古《ふる》い暗号《あんごう》？

人々《ひとびと》がメッセージの秘密《ひみつ》を保《たも》つために考《かんが》え出《だ》した暗《あん》号《ごう》は、いつごろから使《つか》われるようになったんだろう？

今《いま》から5000年《ねん》以上《いじょう》も前《まえ》から2000年《ねん》前《まえ》まで、古代《こだい》エジプトではヒエログリフが使《つか》われていた。多《おお》くの絵《え》や記号《きごう》が並《なら》び、初《はじ》めて見《み》ると何《なに》を意味《いみ》しているのかさっぱり分《わ》からず、まるで秘密《ひみつ》の暗号《あんごう》のようだ。では、ヒエログリフが世界《せかい》で最《もっと》も古《ふる》い暗号《あんごう》なのか？

実《じつ》はヒエログリフは、具体的《ぐたいてき》な物《もの》の形《かたち》を点《てん》や線《せん》で表《あらわ》した象形文字《しょうけいもじ》で構成《こうせい》されていて、たとえばエジプトハゲワシは「A《エー》」の音《おと》、両足《りょうあし》は「歩《ある》く」など、それぞれ特定《とくてい》の音《おと》や意味《いみ》を示《しめ》している。そして当時《とうじ》の人々《ひとびと》はこれらを文字《もじ》として使《つか》っていた。つまり、暗号《あんごう》ではないんだ。

象形文字《しょうけいもじ》とは

具体的《ぐたいてき》な物《もの》の形《かたち》を点《てん》や線《せん》で表《あらわ》したもの

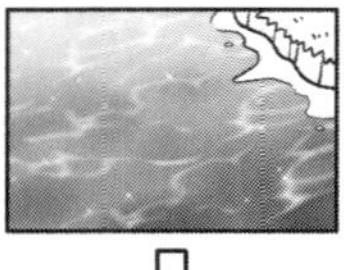

水《みず》を表《あらわ》した象形文字《しょうけいもじ》

謎《なぞ》の文字《もじ》ヒエログリフはどうやって解読《かいどく》された？

ヒエログリフが日常的《にちじょうてき》に使《つか》われなくなると、読《よ》める人《ひと》が次第《しだい》にいなくなり、その結果《けっか》、後《のち》の時代《じだい》の人々《ひとびと》にとってヒエログリフは暗号《あんごう》のようなものになった。その謎《なぞ》を解《と》き明《あ》かすため多《おお》くの人々《ひとびと》がヒエログリフの研《けん》究《きゅう》に挑《いど》み、19世紀《せいき》になってついに解読《かいどく》されたんだ。

フランスの研究者《けんきゅうしゃ》シャンポリオンは、17世紀《せいき》の学者《がくしゃ》キルヒャーがヒエログリフの解読《かいどく》を試《こころ》みて集《あつ》めた資料《しりょう》を元《もと》に研究《けんきゅう》に取《と》り組《く》んでいた。そんな中《なか》、1799年《ねん》にエジプトでロゼッタストーンと呼《よ》ばれる古代《こだい》エジプトの石碑《せきひ》が発見《はっけん》された。石碑《せきひ》にはヒエログリフ、デモティック（民衆《みんしゅう》の文字《もじ》）、ギリシャ文字《もじ》という3種類《しゅるい》の文字《もじ》が刻《きざ》まれていて、シャンポリオンはそれぞれを比《ひ》較《かく》することでヒエログリフの解読《かいどく》に挑《いど》んだ。

ある時《とき》、シャンポリオンはエジプト国王《こくおう》プトレマイオスの名前《なまえ》がギリシャ文字《もじ》で何度《なんど》も登場《とうじょう》し、それと同《おな》じようにヒエログリフにも四角《しかく》で囲《かこ》まれた文字《もじ》が多《おお》くあることに気《き》づいた。それぞれの文字《もじ》に結《むす》びつきがあると推測《すいそく》したシャンポリオンは、ヒエログリフもギリシャ文字《もじ》のように1文字《もじ》ずつ音《おと》を表《あらわ》しているのではないかと考《かんが》え、プトレマイオスとその妻《つま》クレオパトラの名前《なまえ》で共通《きょうつう》する文字《もじ》から音《おと》の規則性《きそくせい》を発見《はっけん》。そして40の表音文字《ひょうおんもじ》を特定《とくてい》することに成功《せいこう》したんだ。

ロゼッタストーン

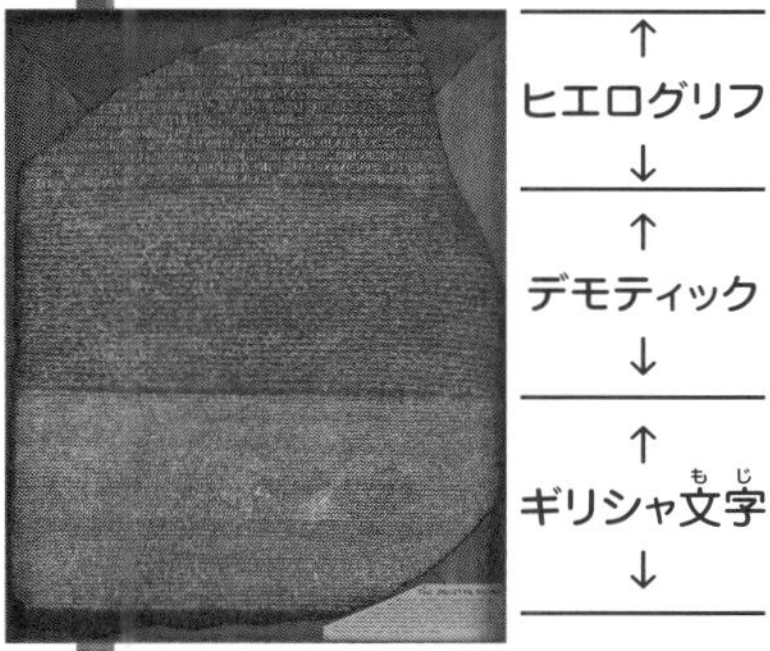

3種類《しゅるい》の文字《もじ》を比較《ひかく》して
ヒエログリフを解読《かいどく》した

ジャン・フランソワ・シャンポリオン

フランスの研究者《けんきゅうしゃ》。多《おお》くの古代語《こだいご》を学《まな》び、ヒエログリフを解明《かいめい》したことから「古代《こだい》エジプト学《がく》の父《ちち》」と呼《よ》ばれた。

ヒエログリフは暗号《あんごう》としても使《つか》われた？

研究《けんきゅう》の結果《けっか》、ヒエログリフは暗号《あんごう》ではなく文字《もじ》であることが分《わ》かった。しかし、詳《くわ》しく調《しら》べたところ、実《じつ》は暗号《あんごう》のようにも使《つか》われていたことが明《あき》らかになった。

たとえば、紀元前《きげんぜん》1900年《ねん》ごろにつくられた国王《こくおう》の墓《はか》の碑文《ひぶん》では、ヒエログリフの向《む》きを変《か》えたり、語《ご》呂合《ろあ》わせで別《べつ》の象形文字《しょうけいもじ》をあてはめるなど、通常《つうじょう》とは異《こと》なる用法《ようほう》が発見《はっけん》されている。これは、文字《もじ》を別《べつ》の文字《じ》や記号《きごう》に置《お》き換《か》える「換字式暗号《かえじしきあんごう》」と同《おな》じ原理《げんり》だ。

こうした特殊《とくしゅ》な用法《ようほう》は、国王《こくおう》など身分《みぶん》の高《たか》い人々《ひとびと》の墓《はか》や壁画《へきが》にヒエログリフを書《か》く時《とき》によく使《つか》われていたんだ。しかし、それは文章《ぶんしょう》の内容《ないよう》を秘《ひ》密《みつ》にするためではなく、特殊《とくしゅ》な用法《ようほう》によって文章《ぶんしょう》を目立《めだ》たせたり、墓《はか》の主《あるじ》の権威《けんい》を示《しめ》すことが目的《もくてき》だったと考《かんが》えられているよ。

高貴《こうき》な人物《じんぶつ》の墓《はか》や壁画《へきが》に
ヒエログリフが書《か》かれていた

古代《こだい》の人々《ひとびと》が実際《じっさい》に行《おこな》っていたとんでもない情報《じょうほう》の隠《かく》し方《かた》とは

暗号《あんごう》のしくみが存在《そんざい》しなかった大昔《おおむかし》は、人々《ひとびと》はメッセージそのものを隠《かく》すことで通信《つうしん》の秘密《ひみつ》を守《まも》ろうとした(6ページ参照《さんしょう》)。その方法《ほうほう》には驚《おどろ》くべきものもあり、たとえば古代《こだい》ギリシャの歴史書《れきししょ》によると、伝令《でんれい》の人《ひと》の頭《あたま》に文章《ぶんしょう》を隠《かく》していたという。まず髪《かみ》の毛《け》をそって頭《あたま》に文字《もじ》を書《か》き、髪《かみ》の毛《け》が生《は》えて文字《もじ》が隠《かく》れるようになったらメッセージを送《おく》る相手《あいて》の元《もと》に行《い》かせ、相手《あいて》の前《まえ》で再《ふたた》び髪《かみ》の毛《け》をそって文章《ぶんしょう》を読《よ》めるようにしたんだ。

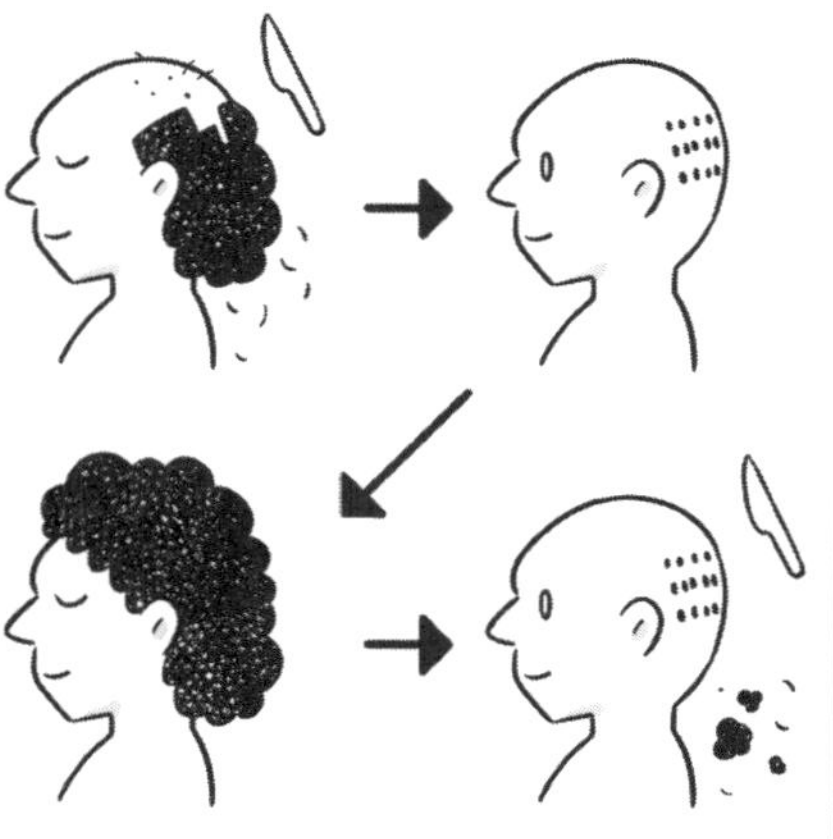

ヒエログリフを使《つか》ってみよう!

ヒエログリフのアルファベット一覧《いちらん》

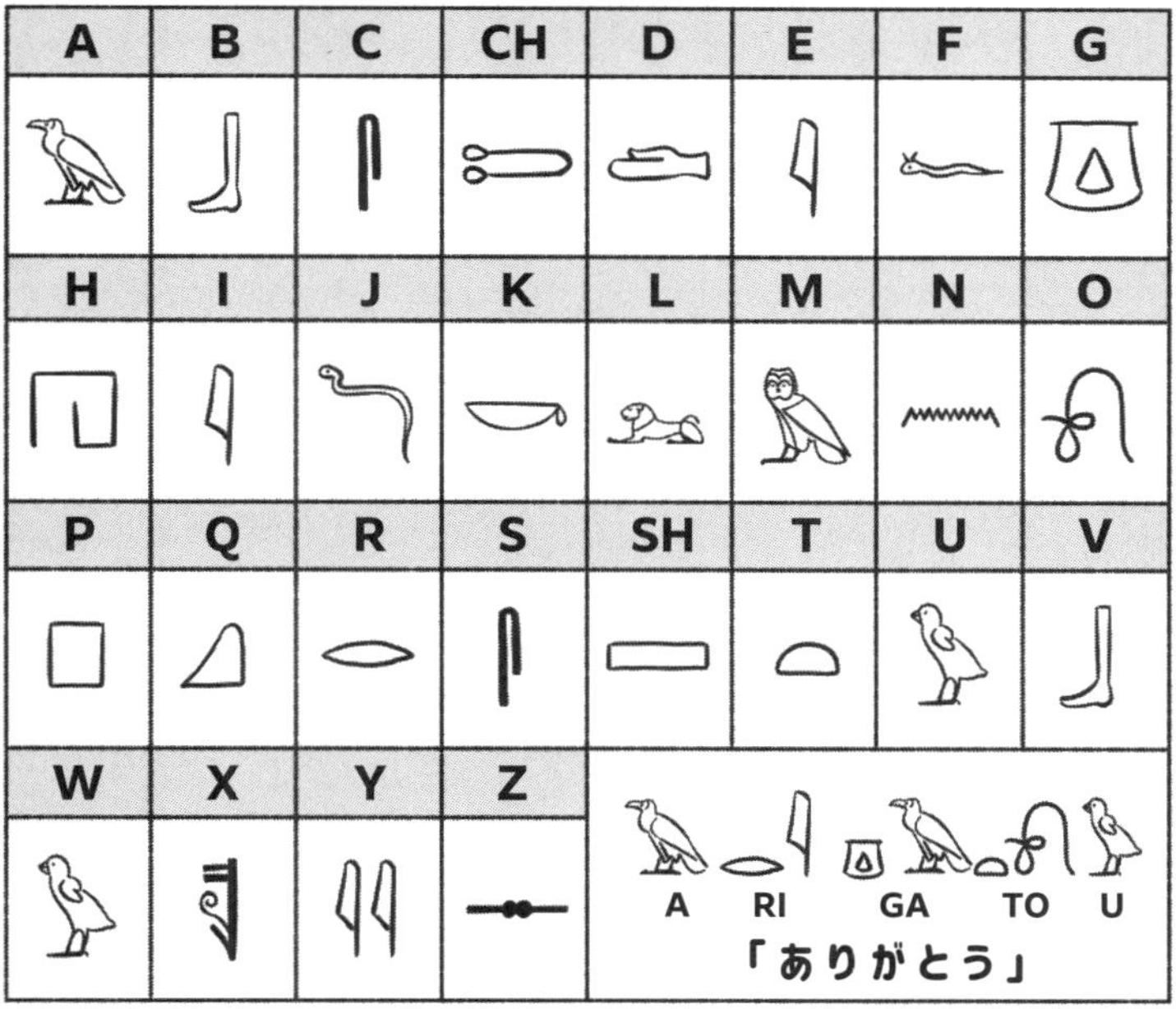
A
B
C
CH
D
E
F
G
H
I
J
K
L
M
N
O
P
Q
R
S
SH
T
U
V
W
X
Y
Z
A RI GA TO U
「ありがとう」

出典：九州国立博物館

文章《ぶんしょう》は左右《さゆう》どちらから書《か》いてもよい

左《ひだり》
右《みぎ》

左《ひだり》
右《みぎ》

人《ひと》や動物《どうぶつ》が向《む》いている方向《ほうこう》から読《よ》む

ほかにもある！ 暗号《あんごう》のような古代文字《こだいもじ》

くさび形《がた》文字《もじ》

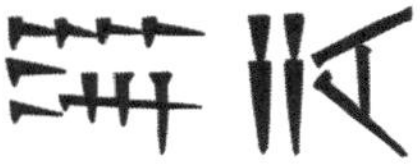

人《ひと》　魚《さかな》

古代《こだい》メソポタミア時代《じだい》にシュメール人《じん》が発明《はつめい》し、粘土板《ねんどばん》に刻《きざ》んでいた文字《もじ》。くさびの形《かたち》の組《く》み合《あ》わせで意味《いみ》が変《か》わる。初期《しょき》には約《やく》600種類《しゅるい》もあったが、やがて30字程《じてい》度《ど》に減《へ》り、アルファベットのように使《つか》われるようになった。

インダス文字《もじ》

？　？　？

古代《こだい》インダス文明《ぶんめい》で使用《しよう》されていた文字《もじ》で、凍石製《とうせきせい》の印章《いんしょう》や土《ど》器《き》に刻《きざ》まれていた。約《やく》400種類《しゅるい》の文字《もじ》が確認《かくにん》されているが、研究《けんきゅう》に必要《ひつよう》な数《かず》の文字資料《もじしりょう》が発見《はっけん》できていないため、今《いま》もまだ解読《かいどく》されていない。

甲骨文字《こうこつもじ》

人《ひと》　牛《うし》　魚《さかな》

今《いま》から3000年以上前《ねんいじょうまえ》の中国《ちゅうごく》で、亀《かめ》の甲羅《こうら》や動物《どうぶつ》の骨《ほね》に刻《きざ》まれていた文字《もじ》。最初《さいしょ》は神《かみ》との交信《こうしん》のために使《つか》われていたが、ほかの部《ぶ》族《ぞく》との意思疎通《いしそつう》などにも用《もち》いられるようになり、現在《げんざい》の漢字《かんじ》のもとになった。

フェニキア文字《もじ》

雄牛《おうし》　水《みず》　手《て》のひら

A　M　K

青銅器時代《せいどうきじだい》のカナン人《じん》がつくった絵《え》のような表音文字《ひょうおんもじ》を、フェニキア人《じん》がより抽象的《ちゅうしょうてき》な形《かたち》へと変《へん》化《か》させた文字《もじ》。子音《しいん》しか表《あらわ》せなかったが、ギリシャに伝《つた》わってから母音《ぼいん》が加《くわ》えられ、現在《げんざい》のアルファベットのもとになった。

暗《あん》号《ごう》博士《はかせ》<入門編《にゅうもんへん》02>

「博士《はかせ》の宝《たから》箱《ばこ》」

阿《あ》笠《がさ》博士《はかせ》の
暗号《あんごう》

その先《さき》に
新《あら》たな謎《なぞ》が!?

コミックス
12巻《かん》に収録《しゅうろく》
!!!

ねえ
ハカセー?
ブオオオォ
ホントにこれから行《い》く洋館《ようかん》に、宝物《たからもの》が隠《かく》されてるの――?
ああ
ザック
ザクじゃ!!
君《きみ》らが知恵《ちえ》をしぼって、見《み》つける事《こと》ができたらの話《はなし》じゃがの――?
ボク達《たち》探偵団《たんていだん》が行《い》けば、見《み》つけたも同然《どうぜん》ですね!
お宝《たから》ガッポリいただいちまおうぜ!!
おい…
ん?
まさか宝《たから》って、この前《まえ》オレに買《か》わせてた、あの大量《たいりょう》のおもちゃの事《こと》じゃねーだろーな?
しーーっ
子供《こども》らには内緒《ないしょ》じゃぞ!!

阿《あ》笠《がさ》博《はか》士《せ》に連《つ》れられて、コナンたち少年《しょうねん》探偵団《たんていだん》が向《む》かった先《さき》は!?

到着《とうちゃく》したのは古《ふる》びた洋館《ようかん》、ここに「お宝《たから》」が隠《かく》されている…!?

わ——

おっきな家《いえ》!!

ホントにココ、博士《はかせ》の伯父《おじ》さんの別荘《べっそう》なんですか?

ああそうじゃ! ワシの伯父《おじ》は阿笠栗介《あがさくりすけ》といって、この辺《あた》りじゃ結構《けっこう》名《な》の通《とお》った大富豪《だいふごう》じゃった……

その伯父《おじ》が、50年前《ねんまえ》に巨額《きょがく》の富《とみ》をどこかに隠《かく》して、この世《よ》を去《さ》ってしまったのじゃ…

ガチャ
もちろん、この別荘《べっそう》の中《なか》も隠《かく》し財産《ざいさん》がないか探《さが》したんじゃが見《み》つからず、
今回《こんかい》、君《きみ》ら探偵団《たんていだん》の知恵《ちえ》を拝借《はいしゃく》しようと、ここへ呼《よ》んだというわけじゃ!!

へ——…

じゃーホントにホントなんだな?

ええ! 博士《はかせ》があらかじめここへ来《き》て、宝《たから》を隠《かく》したわけじゃないんですよ!!

だからいったでしょ? 博士《はかせ》がそんな子供《こども》だましはしないって!

ハハ…

バレバレじゃねーか…

洋館《ようかん》の床《ゆか》には「お宝《たから》」のありかのヒントとなる謎《なぞ》の言葉《ことば》が！

もっと注意《ちゅうい》深《ぶか》く辺《あた》りを観察《かんさつ》すれば、何《なに》か見《み》つかるはず…
そうそう、例《たと》えばオレの足元《あしもと》にわざとらしく刻《きざ》んである妙《みょう》な文字《もじ》とか――
え？
わ――ホントだー!!
コラ、いうでない!!

少年探偵団《しょうねんたんていだん》のみんなを楽《たの》しませるため、阿笠《あがさ》博士《はかせ》が洋館《ようかん》のどこかに宝《たから》を隠《かく》したようだ。そのヒントが、床《ゆか》に書《か》かれた「モザリサワソデル」。この意味不明《いみふめい》に見《み》える言葉《ことば》に、どんな秘密《ひみつ》が隠《かく》されている!?

暗号《あんごう》クイズ

「モザリサワソデル」

この「暗号《あんごう》」をキミは
解読《かいどく》できるかな!?
モザリサワソデル？
なんだこれ？

英語《えいご》かなあ?
ちがいますよ、きっとアラビア語《ご》ですよ!
フッフッフッ…そう簡単《かんたん》にはわかるまい…

ハッハッハッさしもの新一君《しんいちくん》でもワシの作《つく》った難問《なんもん》は解《と》けんかった様《よう》じゃのー!!
え?
そりゃーそーじゃ!なんたってワシが三日三晩《みっかみばん》寝《ね》ずに考《かんが》えた!!

ああ、博士《はかせ》が隠《かく》した宝《たから》の木箱《きばこ》なら、向《む》こうの寝室《しんしつ》のベッドの下《した》で見《み》つけたよ!
え?
まだ箱《はこ》の中身《なかみ》のぞいてねーけど、どーせオモチャが入《はい》ってんだろ?

自身《じしん》が作《つく》った「暗号《あんごう》」に自信満々《じしんまんまん》の博士《はかせ》だが!?

謎《なぞ》の言葉《ことば》は阿笠博士《あがさはかせ》が作《つく》ったオリジナルの暗号《あんごう》だった。少年探偵団《しょうねんたんていだん》のメンバーは、どういう意味《いみ》が隠《かく》されているか考《かんが》えるが、なかなか解読《かいどく》できない。しかし、コナンはすでに暗号《あんごう》を解《と》き、宝《たから》を見《み》つけていたようだ。暗号《あんごう》を解《と》くためのヒントは、「文字《もじ》をずらす」こと。正《まさ》しく解読《かいどく》できれば、宝《たから》を探《さが》すカギとなる、ある文章《ぶんしょう》が見《み》えてくるようだが…。

暗号解読《あんごうかいどく》のヒント

「文字《もじ》をずらす」

答《こた》えは次《つぎ》のページに!

コナンにヒントをもらって少年探偵団《しょうねんたんていだん》も解読《かいどく》に挑戦《ちょうせん》！

暗号《あんごう》の文字《もじ》を50音順《おんじゅん》に1文字《もじ》ずつ下《した》にずらして読《よ》むと、答《こた》えの文章《ぶんしょう》「ヤジルシヲタドレ」になった。これで、見事《みごと》に宝《たから》の場所《ばしょ》が判明《はんめい》!!

「モザリサワソデル」これだけじゃワケがわかんねーけど…
だいたいこの手《て》の暗号《あんごう》は、前《まえ》か後《うし》ろに一文字《ひともじ》ずつズラして書《か》いてある場合《ばあい》が多《おお》いんだ！

それをふまえて一文字《ひともじ》ずつ下《した》にズラして読《よ》むと、「ヤ・ジ・ル・シ・ヲ・タ・ド・レ」！
モザリサワソデル
↓
ヤジルシヲタドレ
矢印《やじるし》をたどれ!!

暗《あん》号《ごう》クイズの答《こた》え

「モザリサワソデル」

＝

「ヤジルシヲタドレ」

キミは阿笠博士《あがさはかせ》の暗号《あんごう》が解《と》けたかな!?

暗号《あんごう》ファイル3 シーザー暗号《あんごう》

決《き》まった数《かず》だけ文字《もじ》をずらして置《お》き換《か》える

もとの文章《ぶんしょう》
あすこうげきする
えたすかじこたわ
暗号文《あんごうぶん》
50音《おん》を3文字《もじ》ずらして暗号化《あんごうか》

文字《もじ》をずらすことで謎《なぞ》めいた暗号《あんごう》に！

阿笠博士《あがさはかせ》が考《かんが》えた暗号《あんごう》のしくみは、古代《こだい》ローマのジュリアス・シーザー将軍《しょうぐん》が、味方《みかた》への指令《しれい》を敵《てき》が読《よ》めないように使《つか》っていたものと同《おな》じ。その名《な》も「シーザー暗号《あんごう》」だ。

シーザー暗号《あんごう》は、別《べつ》の文字《もじ》に置《お》き換《か》えることで元《もと》の文章《ぶんしょう》を分《わ》からなくする「換字式暗号《かえじしきあんごう》」の一種《いっしゅ》。アルファベットやひらがななどの文字順《もじじゅん》をすべて決《き》まった数《かず》だけずらし、別《べつ》の文字《もじ》に置《お》き換《か》えるというアルゴリズムだ。相手《あいて》に「何文字《なんもじ》ずらしているか」という鍵《かぎ》を事前《じぜん》に伝《つた》えておけば、簡単《かんたん》に復号《ふくごう》できる。一見《いっけん》すると単純《たんじゅん》だけどアルゴリズムを知《し》らないと解読《かいどく》できない。もし知《し》られても、「何文字《なんもじ》ずらしているか」という鍵《かぎ》の受《う》け渡《わた》しを安全《あんぜん》に行《おこな》えばメッセージの秘密《ひみつ》を守《まも》れるよ。

ジュリアス・シーザー

古代《こだい》ローマの政治《せいじ》家《か》で将軍《しょうぐん》。ガリア遠《えん》征《せい》に成功《せいこう》してヨーロッパでの勢力《せいりょく》を拡《かく》大《だい》し、国内《こくない》で独裁的《どくさいてき》な権力《けんりょく》を握《にぎ》った。

シーザー暗号《あんごう》はこうやって解読《かいどく》された！

シーザー暗号《あんごう》のように単純《たんじゅん》なアルゴリズムで文字《もじ》を置《お》き換《か》える暗号《あんごう》は、大切《たいせつ》な情報《じょうほう》を守《まも》る手段《しゅだん》としてとても有効《ゆうこう》と考《かんが》えられ、ヨーロッパで長《なが》く使《つか》われていた。しかし、9世紀《せいき》ごろにアラビアで「頻度分析《ひんどぶんせき》」という手法《しゅほう》で解読《かいどく》されてしまった。

頻度分析《ひんどぶんせき》とは、暗号文《あんごうぶん》の中《なか》にどの文字《もじ》がどれだけ出《で》てくるかを調《しら》べ、最《もっと》も多《おお》く使《つか》われている文字《もじ》から暗号《あんごう》のヒントを分析《ぶんせき》すること。たとえば、「THE《ザ》」や「AND《アンド》」といった単語《たんご》がよく使《つか》われる英語《えいご》の文章《ぶんしょう》では、一般的《いっぱんてき》に「E《イー》」「T《ティー》」「A《エー》」の順《じゅん》にアルファベットが多《おお》く登場《とうじょう》する傾向《けいこう》がある。そうした特徴《とくちょう》を利用《りよう》して、暗号《あんごう》文《ぶん》で使《つか》われている回数《かいすう》が最《もっと》も多《おお》いアルファベットを「E《イー》」と予想《よそう》して置《お》き換《か》え、ほかのアルファベットも同《おな》じ数《かず》だけずらして置《お》き換《か》えることで解読《かいどく》できるんだ。

また、もう一《ひと》つ簡《かん》単《たん》な解読方法《かいどくほうほう》として「総当《そうあ》たり法《ほう》」がある。これは、1文《も》字《じ》ずつ、2文字《もじ》ずつ…と暗号《あんごう》の文字順《もじじゅん》をずらす数《かず》を順番《じゅんばん》に試《ため》していき、暗号《あんごう》が意味《いみ》のある言葉《ことば》に変形《へんけい》するまで何《なん》度《ど》もくり返《かえ》すというものだ。一見《いっけん》すると大変《たいへん》そうだけど、根気強《こんきづよ》く続《つづ》ければ必《かなら》ず解読《かいどく》できるよ。

解読法《かいどくほう》❶ 頻度分析《ひんどぶんせき》

暗号文《あんごうぶん》

RQH SHRSOH

一番多《いちばんおお》い文字《もじ》を「E《イー》」などに置《お》き換《か》える

↓

もとの文章《ぶんしょう》

ONE PEOPLE

解読法《かいどくほう》❷ 総当《そうあ》たり法《ほう》

えそてえくか

1文字《もじ》ずらす	2文字《もじ》ずらす	3文字《もじ》ずらす
うせつうきお	いすちいかえ	あしたあおう
×	×	○

シーザー暗号《あんごう》はその後《ご》の暗号《あんごう》の基礎《きそ》に！

頻度《ひんど》分析《ぶんせき》による解読《かいどく》法《ほう》が発見《はっけん》されたことで、シーザー暗号《あんごう》は安全《あんぜん》ではなくなり、やがてほかの暗号《あんごう》に取《と》って代《か》わられるようになった。しかし、決《き》まったアルゴリズムに従《したが》って、ある文字《もじ》を別《べつ》の文字《もじ》に置《お》き換《か》えるという概念《がいねん》は、アルゴリズムを複雑化《ふくざつか》しながら後《のち》の時代《じだい》へと受《う》け継《つ》がれ、さまざまな暗号《あんごう》の基礎《きそ》になったんだ。

またシーザー暗号《あんごう》は、暗号文《あんごうぶん》を送《おく》る人《ひと》と受《う》け取《と》る人《ひと》が同《おな》じ鍵《かぎ》（暗号化《あんごうか》と復号《ふくごう》に必要《ひつよう》な情報《じょうほう》）を共有《きょうゆう》する「共通鍵暗号方式《きょうつうかぎあんごうほうしき》」も確立《かくりつ》した。このしくみは、デジタルデータを使《つか》う現代《げんだい》の情報通信《じょうほうつうしん》における暗《あん》号方式《ごうほうしき》にも用《もち》いられているよ。

こうした暗号《あんごう》の基《き》礎《そ》を何千年《なんぜんねん》も前《まえ》に考《かんが》え出《だ》していたなんて画期的《かっきてき》だね！

シーザー暗号《あんごう》を解読《かいどく》せよ！

ふあえぐとへち

※ヒント：前《まえ》か後《うし》ろに2文字《もじ》ずつずらしてみてね

[答《こた》え]ほうかごにまて

!?
………
それ、子供《こども》のイタズラ書《が》きでしょ?
それならオレも見《み》つけたぜ!!
わたしもー!
なに!?
わたしはお皿《さら》の裏《うら》!
オレはろうそく立《た》ての裏《うら》だ!!
きっとイタズラっ子《こ》だったんだね!!
それより早《はや》く、床《ゆか》の暗号《あんごう》を解《と》きましょうよ!
変《へん》じゃのー伯父《おじ》に子供《こども》はおらなんだし…
じゃーやっぱりここに住《す》んでた謎《なぞ》の老人《ろうじん》は、子連《こづ》れじゃったと…
博士《はかせ》…

コナンたちは阿笠博士《あがさはかせ》が考《かんが》えたものとは別《べつ》の「本当《ほんとう》の暗号《あんごう》」を発見《はっけん》!! それは…!?

洋館《ようかん》には「本当《ほんとう》のお宝《たから》」がある？それとも何者《なにもの》かからのメッセージなのか…!?

「踊《おど》る人形《にんぎょう》」って知《し》ってるか？

踊《おど》る人形《にんぎょう》…？

ああ、あのシャーロック・ホームズの小説《しょうせつ》に出《で》てきた、人形《にんぎょう》が並《なら》んで踊《おど》ってる様《よう》な奇妙《きみょう》な絵柄《えがら》の事《こと》じゃろ？

あれは確《たし》か子供《こども》のラクガキに見《み》せかけた暗号《あんごう》……

ま、
まさかそれも!!

ああまちがいない!!

元太達《げんたたち》が見《み》つけた図形《ずけい》の配列《はいれつ》には、すべて●✡☽の三《みっ》つの図形《ずけい》が並《なら》んでくっついている!!

つまりこれは、ある規則性《きそくせい》をもった暗号《あんごう》だって事《こと》だ!!

そう…暗号《あんごう》なんだよ…

フフ…

クックックッ…

なんじゃ？うれしそーじゃのー、まさか読《よ》めるのかその暗号《あんごう》が…

いや、さっぱりわからねーよ、老人《ろうじん》の事《こと》も一円玉《いちえんだま》の事《こと》も…

だけど…

わくわくしちまうんだよ!!
わからなければわからねーほどうずくんだ!!
オレの中《なか》のおさえきれねー好奇心《こうきしん》がな!!!
ああ！それは博士《はかせ》が、一週間前《いっしゅうかんまえ》に隠《かく》したオモチャだよ！
おめーらとこの別荘《べっそう》で、宝探《たからさが》しゲームをするためにな！
ひどいよね…
じゃーまさか博士《はかせ》が隠《かく》してからオレ達《たち》がここに来《く》るまでの間《あいだ》に…
だ、誰《だれ》かがここに来《き》て…

阿笠博士《あがさはかせ》が用意《ようい》した「お宝《たから》」は何者《なにもの》かにズタズタにされていた!!

阿笠博士《あがさはかせ》が隠《かく》した宝《たから》の箱《はこ》を開《あ》けると、その中身《なかみ》はズタズタに切《き》り裂《さ》かれていた。何者《なにもの》かが洋館《ようかん》に潜入《せんにゅう》し、先《さき》に宝《たから》の箱《はこ》を開《あ》けていたようだが…。

最初《さいしょ》から何《なに》かを探《さが》す目的《もくてき》で…
ここへやって来《き》たか……
何《なに》かって？何《なん》だよ!?
まだわからねーよ…でももしかしたら、あの図形《ずけい》に関係《かんけい》あるかもしれねーぜ！
図形《ずけい》？
ホラ、おめーらが見《み》つけた太陽《たいよう》と月《つき》と星《ほし》が並《なら》ぶ妙《みょう》な暗号《あんごう》の事《こと》だよ！
あのラクガキ、暗号《あんごう》だったんですか？
たぶんな…

こりゃーひょっとするとマジでこの別荘《べっそう》には、どえれー宝《たから》が眠《ねむ》っているかもしれねーぜ…

洋館《ようかん》に隠《かく》された謎《なぞ》の図形《ずけい》それが意味《いみ》するものとは!?

洋館《ようかん》の中《なか》には阿笠博士《あがさはかせ》が作《つく》ったものとは別《べつ》の暗号《あんごう》が隠《かく》されていた。そしてここには本当《ほんとう》の宝《たから》が眠《ねむ》っている!? 難解《なんかい》な暗号《あんごう》を前《まえ》に、コナンは洋館《ようかん》に隠《かく》された謎《なぞ》の解明《かいめい》に挑《いど》む…!!

暗号《あんごう》ファイル4

単《たん》一《いつ》換《かえ》字《じ》式《しき》暗《あん》号《ごう》

シーザー暗号《あんごう》をもっと複雑《ふくざつ》に!

シーザー暗号《あんごう》

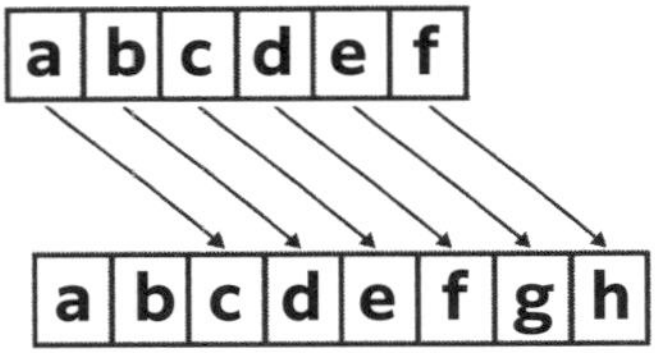

すべての文字《もじ》が
決《き》まった数《かず》ずつずれる

単一換字式暗号《たんいつかえじしきあんごう》

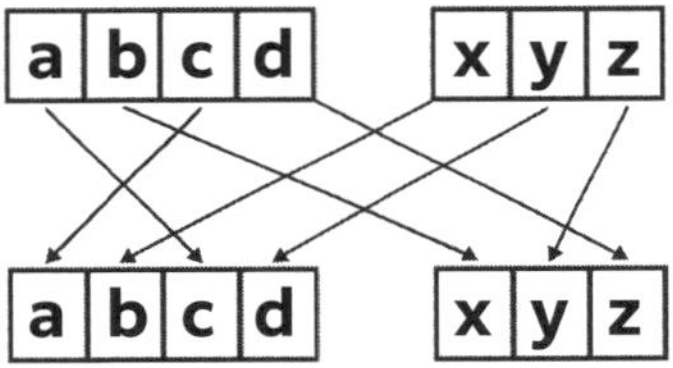

換字表《かえじひょう》を利用《りよう》して
文字《もじ》の組《く》み合《あ》わせを自由《じゆう》に

「変換《へんかん》リスト」を使用《しよう》することで400兆《ちょう》の1兆倍《ちょうばい》の暗号文《あんごうぶん》が誕生《たんじょう》!!

まんがに登場《とうじょう》した暗号《あんごう》は「単一換字式暗号《たんいつかえじしきあんごう》」といって、もとの文字《もじ》が必《かなら》ず同《おな》じ文字《もじ》に置《お》き換《か》えられるタイプの暗号《あんごう》だ。33ページで解説《かいせつ》した「シーザー暗号《あんごう》」も単一換字式暗号《たんいつかえじしきあんごう》の一種《いっしゅ》なんだ。例《たと》えばもとの文《ぶん》の「a《エー》」が、暗号文《あんごうぶん》の中《なか》で必《かなら》ず「c《シー》」に置《お》き換《か》わるなら、それは単一《たんいつ》換字式暗号《かえじしきあんごう》なんだ。作《つく》りやすいので、シーザー暗号《あんごう》などは歴史上《れきしじょう》で数多《かずおお》く使《つか》われてきた。でも、その暗号《あんごう》のアルゴリズムは単純《たんじゅん》なので、一定《いってい》の時間《じかん》と労力《ろうりょく》をかければ紙《かみ》とペンのような身近《みぢか》な道具《どうぐ》だけで解《と》けてしまう。そして時代《じだい》が進《すす》むにつれてシーザー暗号《あんごう》は安全《あんぜん》でなくなり、より複雑《ふくざつ》な暗号《あんごう》が必要《ひつよう》となった。その結果《けっか》、「換字表《かえじひょう》」という「鍵《かぎ》」を使《つか》った暗号《あんごう》が誕生《たんじょう》したよ。

換字表《かえじひょう》を用《もち》いた暗号《あんごう》はシーザー暗号《あんごう》のように、一定《いってい》の法則《ほうそく》で文字《もじ》を置《お》き換《か》えるのではなく、換字表《かえじひょう》に従《したが》ってバラバラに文字《もじ》を置《お》き換《か》えられる。たとえば、上《うえ》の図《ず》のようにシーザー暗号《あんごう》を使《つか》い英語《えいご》の文章《ぶんしょう》を暗号化《あんごうか》すると、アルファベットは全《ぜん》26文字《もじ》なので、25通《とお》りの暗号《あんごう》が作《つく》れる。ところが、換字表《かえじひょう》を使用《しよう》すると400兆《ちょう》の1兆倍《ちょうばい》という膨大《ぼうだい》な数《かず》の暗号文《あんごうぶん》が作《つく》れるんだ。

ノーメンクラタ暗号《あんごう》の方式《ほうしき》
フレーズを記号《きごう》などに置《お》き換《か》える「コード」
and=1
England=2
同《おな》じコードブックを共有《きょうゆう》

過去《かこ》には、暗号《あんごう》が解読《かいどく》されて死刑《しけい》になったスコットランドの女王《じょおう》も!!

換字表《かえじひょう》が用《もち》いられる前《まえ》の単一換字式《たんいつかえじしき》暗号《あんごう》に「ノーメンクラタ」と呼ばれる暗《あん》号《ごう》が存在《そんざい》した。この暗号《あんごう》は単純《たんじゅん》にアルファベットを置《お》き換《か》えるだけでなく、「冗字《じょうじ》」というあえて意味《いみ》のない記号《きごう》を加《くわ》えたり、特定《とくてい》の単《たん》語《ご》を記号《きごう》に置《お》き換《か》える「コード」という方式《ほうしき》を使《つか》う暗号《あんごう》だった。そのため、この暗号《あんごう》でやりとりする場合《ばあい》は、膨大《ぼうだい》な数《かず》の「コード」をまとめた「コードブック」が必須《ひっす》に。「コードブック」を変更《へんこう》する場合《ばあい》は、他人《たにん》にばれず相手《あいて》に同《おな》じ物《もの》を渡《わた》す必要《ひつよう》があり、不便《ふべん》な面《めん》もあった。

そんな「ノーメンクラタ」を使《つか》って陰謀《いんぼう》を企《たくら》んだのが、16世紀《せいき》のスコットランドの女王《じょおう》メアリー・スチュアート。彼女《かのじょ》はイングランドの女王《じょおう》エリザベス1世《せい》を廃位《はいい》させる計画《けいかく》を立《た》て、協力者《きょうりょくしゃ》であるフランスの高官《こうかん》に手《て》紙《がみ》を書《か》いた。ところが、その手紙《てがみ》はイングランドのスパイのフランシス・ウォルシンガムに見《み》つかってしまい、暗《あん》号《ごう》も解読《かいどく》されてしまったんだ。陰謀《いんぼう》がばれたメアリーは裁判《さいばん》にかけられ、死刑《しけい》となる結果《けっか》に…。「ノーメンクラタ」は単一換字式暗号《たんいつかえじしきあんごう》としては複雑《ふくざつ》だったが、換字表《かえじひょう》を使《つか》った暗号《あんごう》と比《くら》べると、文字《もじ》を置《お》き換《か》えるパターンも決《き》まっていたので単純《たんじゅん》だった。それを見抜《みぬ》かれて、スパイに解読《かいどく》されてしまったんだよ。

メアリー・スチュアート女王《じょおう》

エリザベス女王《じょおう》暗殺計画《あんさつけいかく》の共謀者《きょうぼうしゃ》と暗号《あんごう》で連絡《れんらく》

100年《ねん》以上《いじょう》の年月《ねんげつ》をかけて考案《こうあん》され近代《きんだい》まで解読不能《かいどくふのう》だった「ヴィジュネル暗号《あんごう》」!!

「ヴィジュネル暗号《あんごう》」は、16世紀後半《せいきこうはん》に生《う》まれた「多表《たひょう》式《しき》の換字式暗号《かえじしきあんごう》」と呼《よ》ばれる暗号《あんごう》。安全性《あんぜんせい》に欠《か》ける単一《たんいつ》換字式暗号《かえじしきあんごう》の代《か》わりに15世紀《せいき》に考案《こうあん》され、その後《ご》3人《にん》の人間《にんげん》が引《ひ》き継《つ》いで研究《けんきゅう》し、16世紀《せいき》にフランスのブレーズ・ド・ヴィジュネルが完成《かんせい》させたものなんだ。

この暗号《あんごう》は下《した》の図《ず》の「ヴィジュネル方陣《ほうじん》」をもとに作成《さくせい》される。送《おく》りたい言葉《ことば》と「鍵文字《かぎもじ》」、つまりキーワードを設定《せってい》することで、表《ひょう》から暗号《あんごう》が生《う》み出《だ》される仕組《しく》みなんだ。たとえば「BAY《ビーエーワイ》」というメッセージを送《おく》る場合《ばあい》「鍵文字《かぎもじ》」を「XCX《エックスシーエックス》」にすると、暗号文《あんごうぶん》は「YCV《ワイシーブイ》」となる。この暗号《あんごう》は解読《かいどく》が難解《なんかい》で、誕生《たんじょう》してから300年近《ねんちか》く、解読《かいどく》した人《ひと》が現《あらわ》れなかったといわれている。

ブレーズ・ド・ヴィジュネル

1523年《ねん》生《う》まれ。フランスの外交官《がいこうかん》。100年以上《ねんいじょう》の年月《ねんげつ》をかけて開発《かいはつ》が続《つづ》いた暗号《あんごう》を完成《かんせい》させ、暗号名《あんごうめい》にその名《な》を残《のこ》した。

ヴィジュネル方陣《ほうじん》を使《つか》って暗号化《あんごうか》

鍵文字《かぎもじ》（横）／メッセージの文字《もじ》（縦）

	A	B	C	……	X	Y	Z
A	A	B	C	……	X	Y	Z
B	B	C	D	……	Y	Z	A
C	C	D	E	……	Z	A	B
⋮	⋮	⋮	⋮	⋮	⋮	⋮	⋮
X	X	Y	Z	……	U	V	W
Y	Y	Z	A	……	V	W	X
Z	Z	A	B	……	W	X	Y

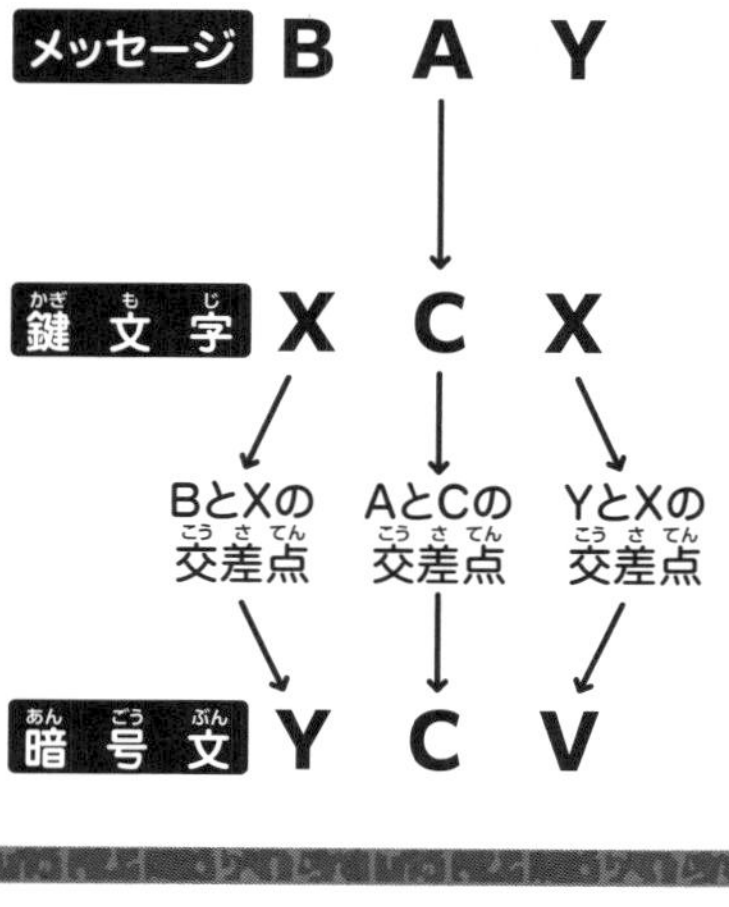

暗号博士《あんごうはかせ》<中級編《ちゅうきゅうへん》01>

「蒸発《じょうはつ》した文士《ぶんし》」

大人気小説《だいにんきしょうせつ》に隠《かく》されたメッセージとは!?

団欒《だんらん》の夕飯《ゆうはん》どき、みんなで観《み》るのは「探偵左文字《たんていさもんじ》」のTV《テレビ》シリーズ!!

犯人《はんにん》は息子《むすこ》さん…
あんたじゃねえんですかい?
んなバカな…
やっぱりー!!
変《へん》だな…前《まえ》に見《み》た時《とき》は…
この「探偵左文字《たんていさもんじ》」シリーズって何度《なんど》もリメイクされててその度《たび》に犯人《はんにん》が違《ちが》うのよ!!
でも何度《なんど》観《み》ても面白《おもしろ》いのよね——!
…………
ピッ
あ、ちょっと何《なに》すんのよお父《とう》さん!?
ワハハハ…
フン!なーにが居合《いあ》い抜《ぬ》き探偵《たんてい》だくだらねー…
元《もと》に戻《もど》してよ!この後《あと》、左文字《さもんじ》が刀《かたな》抜《ぬ》いて犯人《はんにん》に一句詠《いっくうた》うんだから!
ケッ
平和《へいわ》だねぇ…ついこの前《まえ》まで黒《くろ》ずくめの男達《おとこたち》に接近《せっきん》してたのが夢《ゆめ》みてーだ…

ホラ！
新名任太朗《しんめいにんたろう》待望《たいぼう》の「探偵左文字《たんていさもんじ》」シリーズ復活《ふっかつ》!!
文芸時代
10.29
新名任太朗待望の「探偵左文字」シリーズ復活!!

え？
えーー ホントかよ!!?
なつかしー 10年前《ねんまえ》に犯人《はんにん》と炎《ほのお》の中《なか》に消《き》えたけどやっぱ左文字《さもんじ》生《い》きてたんだーー!!
なつかしい…？
…って新一兄《しんいちにい》ちゃんがこの前電話《まえでんわ》でいってたよ…
フン！あの推理《すいり》オタクめ…

▲昔《むかし》の原作《げんさく》をコナンが懐《なつ》かしむことを、変《へん》に思《おも》う小《こ》五郎《ごろう》と蘭《らん》。コナンは慌《あわ》てて新一《しんいち》の名前《なまえ》を出《だ》すが…。

コナン(新一《しんいち》)も愛読《あいどく》小説《しょうせつ》「探偵左文字《たんていさもんじ》」の新《しん》シリーズが復活《ふっかつ》!!

コナンが昔《むかし》から大好《だいす》きだった大人気《だいにんき》の推理《すいり》もの、居合抜《いあいぬ》き探偵《たんてい》の松田左文《まつださもん》字《じ》シリーズ。その原作小説《げんさくしょうせつ》が最近復活《さいきんふっかつ》したらしい。コナンはその話《はなし》を聞《き》きテンションを上《あ》げるが…。

小説《しょうせつ》の作者《さくしゃ》・新名任太朗《しんめいにんたろう》の娘《むすめ》が毛利探偵事務所《もうりたんていじむしょ》を訪《おとず》れるが…

団欒《だんらん》の食事中《しょくじちゅう》に毛利探偵事務所《もうりたんていじむしょ》へ訪《たず》ねてきた依頼《いらい》人《にん》。それは「探偵左《たんていさ》文字《もんじ》」を書《か》いた小説《しょうせつ》家《か》・新名任太朗《しんめいにんたろう》の娘《むすめ》・香保里《かおり》だった。彼女《かのじょ》は、2か月前《げつまえ》に姿《すがた》を消《け》した父《ちち》を捜《さが》して欲《ほ》しいと、依頼《いらい》してくるが…。

新名任太朗《しんめいにんたろう》は私《わたし》の父《ちち》です…
新名香保里《しんめいかおり》(22)
OL《オーエル》

私《わたし》の父《ちち》…行方不明《ゆくえふめい》なんです…
二《に》か月《げつ》前《まえ》から…

▲小説《しょうせつ》を連載中《れんさいちゅう》の人気作家《にんきさっか》が、いなくなっていた!?

新名任太朗《しんめいにんたろう》と妻《つま》が突然姿《とつぜんすがた》を消《け》した！しかし、原稿《げんこう》は毎週送《まいしゅうおく》られてくる!?

新名任太朗《しんめいにんたろう》は妻《つま》と一緒《いっしょ》に2カ月前《げつまえ》から行方不明《ゆくえふめい》に。しかし、連載中《れんさいちゅう》の小説《しょうせつ》は毎週土曜日《まいしゅうどようび》に必《かなら》ず送《おく》られて来《き》ていた。新名夫婦《しんめいふうふ》は旅行《りょこう》へ行《い》った？それとも、何《なに》かの事件《じけん》に巻《ま》き込《こ》まれた!?

父《ちち》と母《はは》が蒸発《じょうはつ》したのは今《いま》の連載《れんさい》が始《はじ》まる丁度《ちょうど》一週間前《いっしゅうかんまえ》です…「ちょっと出《で》かける」って書《か》き置《お》きを残《のこ》したまま…

もちろん親戚《しんせき》や知人《ちじん》にあたってみましたけど誰《だれ》も知《し》らなくて…

でも原稿《げんこう》はちゃんと書《か》いておられるんでしょ？

そうなんです…奇妙《きみょう》な事《こと》に原稿《げんこう》だけはFAX《ファックス》で編集部《へんしゅうぶ》に送《おく》られて来《く》るんです…

毎週土曜日《まいしゅうどようび》、
午前《ごぜん》0時《じ》きっかりに…

ホー……
1/2の頂点
第一話
タイトルは「1/2の頂点《ちょうてん》」ですか…
1/2の頂点
第二話
1/2の頂点
第三話

ええ…新名先生《しんめいせんせい》の原稿《げんこう》は毎週送《まいしゅうおく》られて来《き》ますよ…
大学館

小説《しょうせつ》の原稿《げんこう》には新名任太朗《しんめいにんたろう》の直筆《じきひつ》サインもある!?

編集部《へんしゅうぶ》に毎週送《まいしゅうおく》られてくる小説《しょうせつ》の原稿《げんこう》には、新名先生本人《しんめいせんせいほんにん》の直筆《じきひつ》サインも書《か》かれていた。本人《ほんにん》が書《か》いたものでまちがいなく、その他《ほか》に不審《ふしん》な点《てん》も見当《みあ》たらないようだが…。

「全国《ぜんこく》の名探偵《めいたんてい》諸君《しょくん》に告《つ》ぐ!
私《わたし》の頭脳《ずのう》を凌駕《りょうが》したくばこの事件《じけん》の真《しん》の謎《なぞ》を解明《かいめい》してみたまえ」ってね…

原稿《げんこう》の中《なか》で名探偵《めいたんてい》たちへ挑戦《ちょうせん》を告《つ》げる!!

新名《しんめい》先生《せんせい》は小説《しょうせつ》の連《れん》載前《さいまえ》に、読者《どくしゃ》へ向《む》けて挑《ちょう》戦《せん》を叩《たた》きつけていた。この言葉《ことば》を読《よ》んだ推理《すいり》小説《しょうせつ》のファンから、「あいつが怪《あや》しい」、「トリックはこうだ」などのメッセージが編集部《へんしゅうぶ》に殺到《さっとう》しているらしい。

左文字《さもんじ》の古《ふる》い友人《ゆうじん》として新名先生本人《しんめいせんせいほんにん》が登場《とうじょう》するんですよ!
フランスに滞在《たいざい》している売《う》れない小説家《しょうせつか》という設定《せってい》でね!
シリーズは40本近《ぽんちか》くありますがこんな事《こと》は始《はじ》めてです!

▲「探偵左文字《たんていさもんじ》」の本編《ほんぺん》に、新名先生本《しんめいせんせいほん》人《にん》が登場《とうじょう》している。今《いま》までのシリーズにはない異例《いれい》の展開《てんかい》のようだが…。

送《おく》られた原稿《げんこう》を確認《かくにん》したコナンは即座《そくざ》に「ある奇妙《きみょう》な点《てん》」に気《き》づく!!

新名《しんめい》先生《せんせい》が登場《とうじょう》しているシーンが書《か》かれた原稿《げんこう》を見《み》せてもらったコナンは、ひと目《め》で「奇妙《きみょう》な点《てん》」があることに気《き》づく。もしかすると、原稿《げんこう》には新名《しんめい》先生《せんせい》が作《つく》った暗号《あんごう》が隠《かく》されている!?

受話器の奥で、友人の眠そうな声が答えた。
「力になってくれ? すまないけど、全く目が覚めてないんだ……うーん、そうだな十二時……いや、それじゃ早過ぎるか……1時ぐらいにまた電話してくれ」
私が承知すると、彼は強い口調でこう付け足した。
「CALLは三回までだ! 忘れるなよ。一回で取ればいいが、三回なら気を遣ってくれ! 私はまだ夢の中だから……まあ、他ならぬ君の頼みだからね。そう無情にもノーとは言えんよ。いいか、間違えるなよ。1時だぞ!」
う言い放つと、私の返事も待
に。
に会ってからもう
ずのよう
おかしいよ…
コレ…

文字《もじ》の表記《ひょうき》がそろっていないとコナンが指摘《してき》!!

コナンは原稿《げんこう》の中《なか》の時間《じかん》表記《ひょうき》が、漢字《かんじ》と数字《すうじ》がまざっていておかしいと指摘《してき》する。原稿《げんこう》を見《み》た小五郎《こごろう》も誤植《ごしょく》ではないのかと疑問《ぎもん》に思《おも》う。編《へん》集者《しゅうしゃ》も直《なお》そうとしたらしいが…。

十二《じゅうに》時《じ》の「十二《じゅうに》」は漢字《かんじ》なのに…
1時《じ》の「1」は数字《すうじ》になってるよ!

▲新名《しんめい》先生《せんせい》はあらかじめ編集者《へんしゅうしゃ》に、自分《じぶん》の書《か》いた文字《もじ》は絶対《ぜったい》に直《なお》さないでくれと、念《ねん》を押《お》していたようだ。

それに…気《き》になるのは…
新名《しんめい》先生《せんせい》の直筆《じきひつ》のサイン…

毎回《まいかい》原稿《げんこう》に書《か》かれていたサインはコピーして使《つか》った可能性《かのうせい》を指摘《してき》!!

コナンは原稿《げんこう》に書《か》かれた6話《わ》から8話《わ》までのサインに、ズレがまったくないのを発見《はっけん》。コピーなのではと気《き》づく。新名《しんめい》先生《せんせい》は、すでにサインが書《か》けない状態《じょうたい》にあるかもしれない!?

1/2の頂点
第八話
やっぱり!!

書《か》けなくなった…
書《か》けなくなったって事《こと》は…

もう新名《しんめい》先生《せんせい》が死《し》んじゃってるかもしれないって事《こと》…
だよね?

新名《しんめい》先生《せんせい》の命《いのち》を救《すく》うヒントが原稿《げんこう》の中《なか》にあるとコナンは推理《すいり》!!

新名先生《しんめいせんせい》の命《いのち》が危《あぶ》ないかもしれない。そして、命《いのち》を救《すく》うヒントが原稿《げんこう》の中《なか》にあると推理《すいり》したコナンは、賢明《けんめい》に文章《ぶんしょう》を読《よ》み込《こ》んだが…。

その原作者《げんさくしゃ》の数字《すうじ》・漢数字《かんすうじ》、英文字《えいもじ》が入《い》り混《ま》じった奇妙《きみょう》なセリフ…
オレの推理《すいり》が正《ただ》しければ…
受話器の奥で、
た。
「力になってくれ
目が覚めてないんだ
十二時……いや、
1時ぐらいにまた
私が承知すると
け足した。
「CALLは三回
一回で取ればいい
くれ！　私はまだ
他ならぬ君の頼み
ノーとは言えんよ
1時だぞ！」
一方的にそう言
たずに彼は電話を
思わず苦笑する
随分になるが、ど
だ。
何となく、

おそらくこのセリフの中《なか》に新名先生《しんめいせんせい》のメッセージが…

くそー…文字《もじ》を逆《さか》さに読《よ》んでも、とばしてつなげても文章《ぶんしょう》にならねー…
何《なに》か…
何《なに》かとっかかりがあれば…

▲文章《ぶんしょう》のどこかに、先生《せんせい》が隠《かく》した暗号《あんごう》のメッセージがあるはず!?

あの――…さっき先生《せんせい》から送《おく》られて来《き》た「1／2の頂点《ちょうてん》」の第八話《だいはちわ》、入稿《にゅうこう》しても構《かま》いませんか？
1／2の頂点《ちょうてん》？
やだなあ…今《いま》、警部《けいぶ》さんが読《よ》んでいる作品《さくひん》のタイトルですよ！
………

◀▲新名先生《しんめいせんせい》が名《な》づけたタイトル『1／2の頂点《ちょうてん》』。これに何《なに》か意味《いみ》があるのか…。コナンの推理《すいり》は!?

隠《かく》されたメッセージの解読《かいどく》に苦戦《くせん》するコナンだが…

原稿《げんこう》に隠《かく》された暗号《あんごう》メッセージを、なかなか見《み》つけ出《だ》せないコナン。ところが、小説《しょうせつ》のタイトルが気《き》になり…。

1／2の…

小説《しょうせつ》のタイトルを突破口《とっぱこう》にコナンが暗号《あんごう》を解読《かいどく》!!

隠《かく》された暗号《あんごう》メッセージを見《み》つけ出《だ》すカギは、やはりタイトルにあった。さらにコナンは、読者《どくしゃ》への挑戦《ちょうせん》の言葉《ことば》や、先生自身《せんせいじしん》が作中《さくちゅう》に登場《とうじょう》することもメッセージのひとつだと見抜《みぬ》いたぞ!!

1/2の頂点《ちょうてん》!!!

やっぱりそうだ…
このセリフには新名先生《しんめいせんせい》のメッセージが隠《かく》されていたんだ…

全《すべ》てつじつまが合《あ》う!!

同《おな》じころ、西《にし》の名探偵《めいたんてい》平次《へいじ》も暗号《あんごう》を解読《かいどく》!!

ああ…服部君《はっとりくん》かね? 目暮《めぐれ》だよ…
なんや警部《けいぶ》ハンおったんか?
キー

カギになっとったんは小説《しょうせつ》のタイトル「1/2の頂点《ちょうてん》」!
こらセリフの一番上《いちばんうえ》の字《じー》がみんな1/2…二《ふた》つで一《ひと》つになるっちゅうこっちゃ!

コナンが新名《しんめい》先生《せんせい》の暗号《あんごう》メッセージに気《き》づくと同時《どうじ》に、編集《へんしゅう》部《ぶ》に服部平次《はっとりへいじ》から電話《でんわ》がかかってきた。平次《へいじ》も小説《しょうせつ》の内容《ないよう》を調《しら》べ、メッセージの解読《かいどく》に成功《せいこう》したようだ。その答《こた》えはコナンと同《おな》じだった!?

暗号《あんごう》を解読《かいどく》して浮《う》かびあがったメッセージは

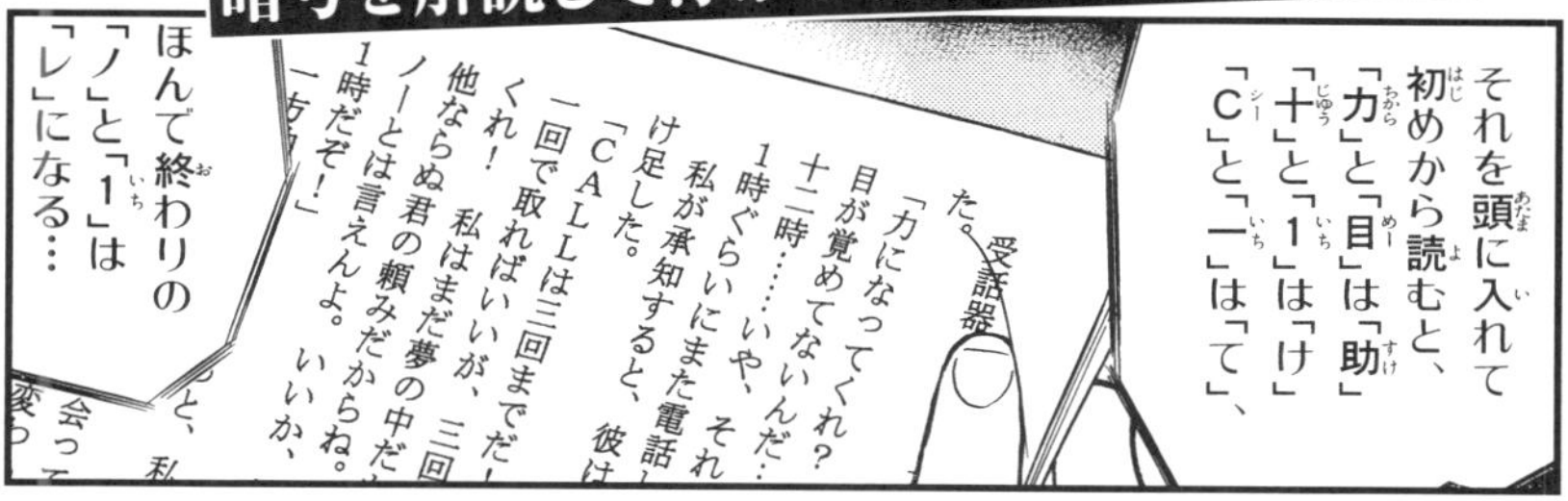
それを頭《あたま》に入《い》れて初《はじ》めから読《よ》むと、「力《ちから》」と「目《めー》」は「助《すけ》」「十《じゅう》」と「1《いち》」は「け」「C《シー》」と「一《いち》」は「て」、
受話器
た。
「力になってくれ？
目が覚めてないんだ…
十二時……いや、それ
1時ぐらいにまた電話
私が承知すると、彼け
け足した。
「CALLは三回までだ
一回で取ればいいが、三回
くれ！　私はまだ夢の中だ
他ならぬ君の頼みだからね。
ノーとは言えんよ。　いいか、
1時だぞ！」
ほんで終《お》わりの「ノ」と「1《いち》」は「レ」になる…

『助《たす》けてくレ』

原稿内《げんこうない》のセリフの一番上《いちばんうえ》に書《か》かれている文字《もじ》を、右《みぎ》から左《ひだり》へ2つ1組《くみ》にして読《よ》むと、上《うえ》のメッセージが浮《う》かび上《あ》がる。新名先生《しんめいせんせい》は、どこかに監禁《かんきん》されていて助《たす》けを求《もと》めているのか!?

原稿《げんこう》のすべての暗号《あんごう》は解読《かいどく》可能《かのう》と思《おも》われたが!?

…二番目《にばんめ》の「他《ほか》」を外《はず》したとしても読《よ》めるのは「私《わたし》ガ…」までか…
「へ」と「今《いま》」なんかどうひっつけたかて文字《もじ》にならへんし…
わからねー!!! 犯人《はんにん》の狙《ねら》いもこの暗号《あんごう》も…
全《まった》く…
どーやらこの暗号《あんごう》を解《と》くには…
まだ駒《こま》が足《た》りねーみてーだな…
ああ…オレらの目《めー》をスリ抜《ぬ》けよった大事《だいじ》な駒《こま》が…
どっかに隠《かく》れとるはず…

コナンと平次《へいじ》は、最初《さいしょ》のセリフに隠《かく》された暗号《あんごう》メッセージを読《よ》み解《と》いた。しかし、他《ほか》のセリフは解読《かいどく》できなかった。すべての暗号《あんごう》を解読《かいどく》するには、カギとなる情報《じょうほう》がもっと必要《ひつよう》なのか!?

万事休《ばんじきゅう》すと思《おも》われたが、編集者《へんしゅうしゃ》の何気《なにげ》ない言葉《ことば》からコナンは真実《しんじつ》にたどりつく!!

コナンの後《うし》ろで、1人《ひとり》の編集者《へんしゅうしゃ》が記事内《きじない》のフランス語《ご》の間違《まちが》いを指摘《してき》。それを聞《き》いたコナンは、新名先生《しんめいせんせい》が原稿《げんこう》に隠《かく》した暗号《あんごう》を完全《かんぜん》に解読《かいどく》。その裏《うら》で起《お》こっていた、計画《けいかく》も突《つ》き止《と》めたぞ!!

洒落《しゃれ》てフランス語《ご》であおりをつけるのはいいけど…
つづり間違《まちが》えるなよ!
フランス語《ご》…

そうか…
そうか…

読《よ》める…
読《よ》めるぞ!
一字一句《いちじいっく》逃《のが》さず全《すべ》て!!

▶新名先生《しんめいせんせい》が書《か》いた原稿《げんこう》のセリフに、すべての真実《しんじつ》が書《か》かれていた。

あそこだ…
新名先生《しんめいせんせい》が監禁《かんきん》されてるのはあの場所《ばしょ》に間違《まちが》いない!!!

暗号《あんごう》ファイル5 書《しょ》籍《せき》暗《あん》号《ごう》

同《おな》じ本《ほん》をもとにして暗《あん》号《ごう》化《か》と復《ふく》号《ごう》を行《おこな》う

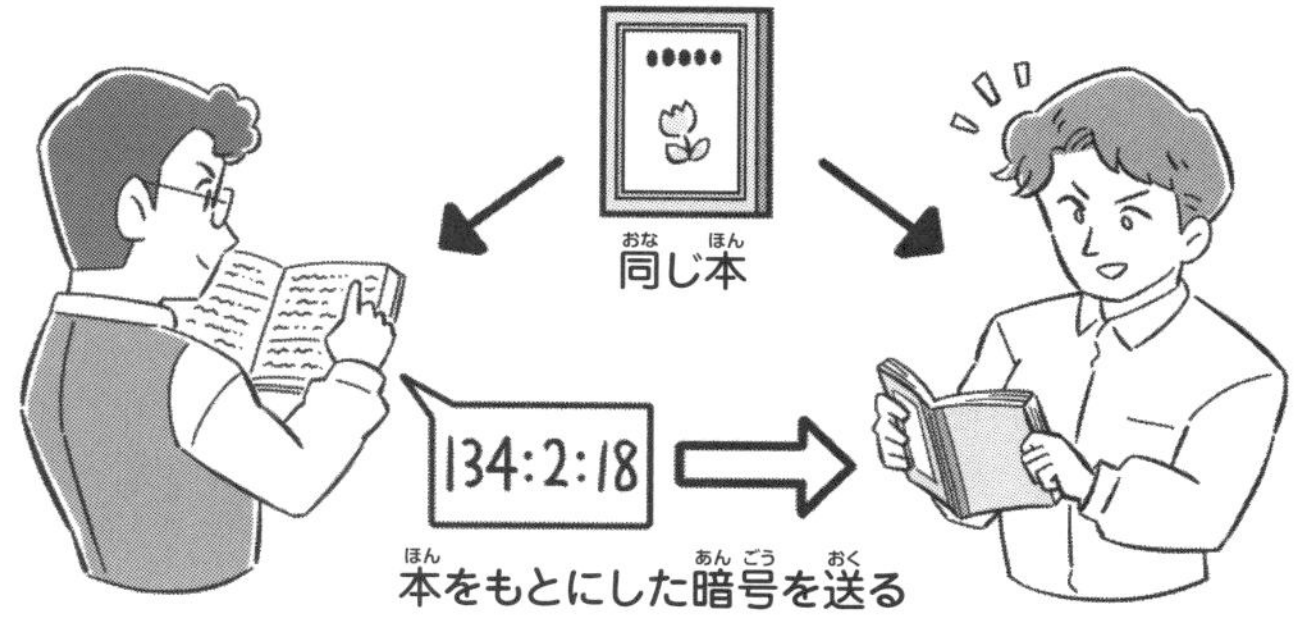

メッセージの送《おく》り手《て》と受《う》け手《て》が同《おな》じ本《ほん》で暗号文《あんごうぶん》を伝《つた》え合《あ》う

メッセージを暗号化《あんごうか》する手段《しゅだん》として本《ほん》を利用《りよう》する場合《ばあい》があり、その方法《ほうほう》から「書籍暗号《しょせきあんごう》」と呼《よ》ばれることがある。まず、暗号化《あんごうか》に利用《りよう》する本《ほん》をメッセージの送《おく》り手《て》と受《う》け手《て》との間《あいだ》で決《き》め、送《おく》り手《て》はメッセージに用《もち》いる文字《もじ》や単語《たんご》を本《ほん》の中《なか》から探《さが》し、その言葉《ことば》が登場《とうじょう》するページ数《すう》などを数字《すうじ》で暗号化《あんごうか》する。そして、受《う》け手《て》は送《おく》られてきた数字《すうじ》をヒントに本《ほん》から言葉《ことば》を探《さが》し、メッセージを復号《ふくごう》するんだ。もし、利用《りよう》されている暗《あん》号《ごう》が書籍暗号《しょせきあんごう》だと他人《たにん》に知《し》られても、どの本《ほん》をもとに暗号化《あんごうか》しているかという鍵《かぎ》を知《し》られなければ、メッセージの秘密《ひみつ》を守《まも》ることができるよ。

書籍暗号《しょせきあんごう》の例《れい》

134 : 2 : 18

① ② ③

❶ページ数《すう》
❷段落《だんらく》
❸文字《もじ》や単語《たんご》の順《じゅん》

↓

134ページ
第《だい》2段落《だんらく》
18番目《ばんめ》の文字《もじ》（単語《たんご》）

書籍暗号《しょせきあんごう》に向《む》いている本《ほん》
聖書《せいしょ》
辞書《じしょ》
事典《じてん》・年鑑《ねんかん》

書籍《しょせき》暗号《あんごう》で使《つか》うのに向《む》いている本《ほん》はある？

書籍《しょせき》を用《もち》いた暗号《あんごう》のやり取《と》りは、メッセージの送《おく》り手《て》と受《う》け手《て》が同《おな》じ本《ほん》を持《も》っていることによって成立《せいりつ》する。世界《せかい》に信者《しんじゃ》が多《おお》く存在《そんざい》するキリスト教《きょう》の聖書《せいしょ》のように、世《よ》の中《なか》に広《ひろ》く普及《ふきゅう》していて入手《にゅうしゅ》しやすい本《ほん》が向《む》いている。また、辞書《じしょ》や事典《じてん》は取《と》り扱《あつか》っている単語《たんご》や分野《ぶんや》が幅広《はばひろ》いので、暗号《あんごう》に使《つか》う言葉《ことば》を見《み》つけやすい。ただし、同《おな》じ本《ほん》でも重版《じゅうはん》や改訂《かいてい》によってページのデザインや掲載内容《けいさいないよう》が変《か》わることがあるので、同《おな》じ出版社《しゅっぱんしゃ》の同《おな》じ版《はん》をそろえる必要《ひつよう》があるよ。

現実《げんじつ》の世界《せかい》でも推理小説《すいりしょうせつ》でも書籍暗号《しょせきあんごう》は大活躍《だいかつやく》！

書籍暗号《しょせきあんごう》に用《もち》いる本《ほん》として特《とく》に向《む》いているのが、持《も》ち歩《ある》き可能《かのう》ですぐに使《つか》えるポケットサイズの辞書《じしょ》だ。ナポレオン戦争《せんそう》やアメリカ独立戦争《どくりつせんそう》など、歴史《れきし》に残《のこ》る戦争《せんそう》で暗号通信《あんごうつうしん》に活用《かつよう》されてきた。

また、書籍暗号《しょせきあんごう》は推理小説《すいりしょうせつ》のトリックとしても多《おお》く使《つか》われている。有名《ゆうめい》なのはシャーロック・ホームズシリーズの『恐怖《きょうふ》の谷《たに》』。数字《すうじ》の暗号文《あんごうぶん》を受《う》け取《と》ったホームズは、その数字《すうじ》が「本《ほん》のページを示《しめ》しているのではないか」と推測《すいそく》し、『ホイッティカー年鑑《ねんかん》』という本《ほん》を使《つか》って暗号《あんごう》の解読《かいどく》に成功《せいこう》したんだ。

書籍暗号《しょせきあんごう》を解読《かいどく》した名探偵《めいたんてい》ホームズ
もしかして この数字《すうじ》は 本《ほん》のページ？
134.2.18

日本《にほん》最大《さいだい》のスパイ事件《じけん》に書籍暗号《しょせきあんごう》が使《つか》われていた！

メッセージを暗号化《あんごうか》する手段《しゅだん》として書籍《しょせき》が使《つか》われていたのは海外《かいがい》だけではない。過去《かこ》には日本《にほん》でも「ゾルゲ事件《じけん》」と呼《よ》ばれるスパイ事件《じけん》が起《お》きたんだ。

ゾルゲ事件《じけん》とは、1933年《ねん》に新聞記者《しんぶんきしゃ》を名乗《なの》って来《らい》日《にち》し、東京《とうきょう》の駐日《ちゅうにち》ドイツ大使館《たいしかん》などで収集《しゅうしゅう》した情報《じょうほう》をソ連《れん》(現在《げんざい》のロシア)政府《せいふ》に送《おく》ったスパイのゾルゲと日《に》本《ほん》の協力者《きょうりょくしゃ》たちが逮捕《たいほ》された事件《じけん》。ゾルゲは収集《しゅうしゅう》した情報《じょうほう》を書籍暗号《しょせきあんごう》で暗号化《あんごうか》し、無線通信《むせんつうしん》でソ連《れん》に送《おく》っていた。彼《かれ》が収集《しゅうしゅう》した情報《じょうほう》の中《なか》には、ドイツ軍《ぐん》がソ連《れん》へ侵《しん》攻《こう》する正確《せいかく》な日付《ひづけ》や、日本軍《にほんぐん》によるソ連攻撃《れんこうげき》の予定《よてい》がないことなど重要《じゅうよう》なものが含《ふく》まれていて、第二次世界《だいにじせかい》大戦《たいせん》の行方《ゆくえ》に大《おお》きな影響《えいきょう》を与《あた》えたといわれているよ。

リヒャルト・ゾルゲ

ソ連《れん》のスパイ。諜報《ちょうほう》団《だん》を組織《そしき》して日本《にほん》を中心《ちゅうしん》にスパイ活動《かつどう》を行《おこな》い、ゾルゲ事件《じけん》の首謀者《しゅぼうしゃ》として逮捕《たいほ》された。

ゾルゲが書籍暗号《しょせきあんごう》の暗号化《あんごうか》に使《つか》った本《ほん》は『ドイツ統《とう》計年鑑《けいねんかん》』。この本《ほん》は、ドイツの政治《せいじ》・経済《けいざい》・社会《しゃかい》など各《かく》分野《ぶんや》の統計《とうけい》データを収録《しゅうろく》し、さまざまな数字《すうじ》が表《ひょう》に並《なら》べられたもの。ゾルゲはまず英語《えいご》の通信文《つうしんぶん》を書《か》き、あらかじめアルファベットの各文字《かくもじ》に割《わ》り振《ふ》っておいた数字《すうじ》に置《お》き換《か》え、さらにその数字《すうじ》を『ドイツ統計年《とうけいねん》鑑《かん》』を利用《りよう》して意味不明《いみふめい》な数字《すうじ》の羅列《られつ》へと変換《へんかん》した。

このように書籍暗号《しょせきあんごう》としては複雑《ふくざつ》なしくみだったため、ゾルゲを逮捕《たいほ》して暗号文《あんごうぶん》を入手《にゅうしゅ》した日本《にほん》の警察《けいさつ》は、無線通信《むせんつうしん》の担当技士《たんとうぎし》を尋問《じんもん》するまで内容《ないよう》を解読《かいどく》できなかったんだ。

無線通信《むせんつうしん》で暗号文《あんごうぶん》を送《おく》るゾルゲたち

どこでも暗号文《あんごうぶん》を発信《はっしん》できるよう自家製《じかせい》の小型無線機《こがたむせんき》を使《つか》った

今《いま》もなお解《かい》読《どく》されていない難《なん》解《かい》な暗《あん》号《ごう》文《ぶん》がある！

書籍《しょせき》を利用《りよう》した暗号文《あんごうぶん》は、鍵《かぎ》となる本《ほん》が何《なん》なのか分《わ》からないと、いつまでたっても解読《かいどく》できない。その例《れい》として有名《ゆうめい》なのが、19世紀《せいき》にアメリカで公表《こうひょう》されてから今《いま》も解読《かいどく》されていない暗号文《あんごうぶん》、通称《つうしょう》「ビール暗号《あんごう》」だ。

バージニア州《しゅう》で宿《やど》を経営《けいえい》する男性《だんせい》モリスが、ビールという名《な》の宿泊客《しゅくはくきゃく》から箱《はこ》を預《あず》かった。ビールがそのまま宿《やど》を去《さ》ったため箱《はこ》を開《あ》けると、規則性《きそくせい》のない数字《すうじ》が並《なら》んだ3枚《まい》の紙《かみ》が入《はい》っていた。ビールから儲《もう》け話《ばなし》を聞《き》いていたモリスは、その数字《すうじ》が財宝《ざいほう》の隠《かく》し場所《ばしょ》を示《しめ》す暗号文《あんごうぶん》だと考《かんが》え、友人《ゆうじん》の協力《きょうりょく》を得《え》て解読《かいどく》に挑戦《ちょうせん》。2枚目《まいめ》の暗号文《あんごうぶん》の数字《すうじ》がアメリカ独立宣言《どくりつせんげん》の単語《たんご》を示《しめ》していることを突《つ》き止《と》め、財宝《ざいほう》の内容《ないよう》を知《し》ることに成功《せいこう》したが、残《のこ》りの2枚《まい》は解読《かいどく》できなかったんだ。

そして1885年《ねん》、モリスの友人《ゆうじん》を名乗《なの》る人物《じんぶつ》がこの暗号文《あんごうぶん》と情報《じょうほう》を公表《こうひょう》したところ、大《おお》きな注目《ちゅうもく》を集《あつ》めた。「暗号文《あんごうぶん》はでたらめな数字《すうじ》を並《なら》べただけ」「そもそもただの作《つく》り話《ばなし》だ」という疑《うたが》いの声《こえ》が上《あ》がる一方《いっぽう》、町《まち》には宝《たから》を探《さが》す人《ひと》たちが多《おお》く押《お》し寄《よ》せた。なかには何十年《なんじゅうねん》も暗号文《あんごうぶん》の解読《かいどく》に挑《いど》み続《つづ》けた人《ひと》もいたそうだよ。

鍵《かぎ》となる本《ほん》が分《わ》からないと解読《かいどく》は難《むずか》しい
宝《たから》はどこだ？
なんだ
この数字《すうじ》は？
71.194.38

暗号《あんごう》博士《はかせ》<中級《ちゅうきゅう》編《へん》02>

「暗《あん》黒《こく》の足《あし》跡《あと》①」

え？

ゲームのシステムエンジニアが行方不明《ゆくえふめい》で…

はい…はい…その人《ひと》を捜《さが》して欲《ほ》しいんですね？

おい…オレならいないって言《い》っとけ！この後始《あとはじ》まる沖野《おきの》ヨーコちゃんのドラマの再放送《さいほうそう》をCM《シーエム》カットで録《と》らなきゃいけねえからよ！

………

あ、今《いま》から来《こ》られても大丈夫《だいじょうぶ》ですよ！

お父《とう》さん今日《きょう》はヒマみたいなんで…

お、おい!?

ホラ、ヒゲそってネクタイ直《なお》して！

チン
は、はい…

ゲームのシステムエンジニアが行方不明《ゆくえふめい》…

まさか…

まさか……


毛利《もうり》探偵《たんてい》事務所《じむしょ》に新《あら》たな依頼《いらい》！その裏《うら》に黒《くろ》ずくめの組織《そしき》の影《かげ》が!?

ホ――…
この人《ひと》が一週間前《いっしゅうかんまえ》に姿《すがた》を消《け》したシステムエンジニアの板倉《いたくら》さんですな…
私《あたし》は板倉《いたくら》さんに囲碁《いご》ソフトのシステムを依頼《いらい》をした、
須貝《すがい》よ！
須貝克路《すがいかつみち》(39)
ゲーム会社社員《がいしゃしゃいん》
私《わたし》は内藤《ないとう》という者《もの》…
彼《かれ》にチェスのソフトを…
内藤定平《ないとうじょうへい》(47)
ゲーム会社社員《がいしゃしゃいん》
オレが頼《たの》んだのは将棋《しょうぎ》ソフト…
名前《なまえ》は相馬《そうま》だ…
相馬竜介《そうまりゅうすけ》(44)
ゲーム会社社員《がいしゃしゃいん》

行方不明《ゆくえふめい》だった板倉《いたくら》の姿《すがた》を発見《はっけん》するが…

行方不明《ゆくえふめい》のシステムエンジニア・板倉《いたくら》の捜索《そうさく》を依頼《いらい》された小五郎《こごろう》。ホテルで板倉《いたくら》を発見《はっけん》するが、彼《かれ》はすでに死《し》んでいた。ただの事故《じこ》なのか、それとも殺人《さつじん》事件《じけん》!?

おい起《お》きろよ！
もう逃《に》げられませんよ板倉《いたくら》さ…

では、なぜ板倉《いたくら》さんは素足《すあし》にならなければならなかったのか…
そ、それは？

!?
そうか板倉《いたくら》さんはこれを残《のこ》すために…
間違《まちが》いない…
犯人《はんにん》はあの人《ひと》だ…

置《お》かれた碁盤《ごばん》と板倉《いたくら》の裸足《はだし》にコナンは注目《ちゅうもく》

駆《か》けつけた警察《けいさつ》が調査《ちょうさ》した結果《けっか》、殺人事件《さつじんじけん》だと判明《はんめい》。周囲《しゅうい》を調《しら》べたコナンは、部屋《へや》の中《なか》に置《お》かれた碁盤《ごばん》と、板倉《いたくら》が裸足《はだし》だったことに注目《ちゅうもく》し、犯人《はんにん》を特定《とくてい》する。そして、小五郎《こごろう》を眠《ねむ》らせ推理《すいり》を披露《ひろう》したぞ。

碁石《ごいし》は板倉《いたくら》のダイイングメッセージ それは点字《てんじ》を利用《りよう》したもので…!?

碁石《ごいし》!?
そうだ…板倉《いたくら》さんは薬《くすり》が切《き》れるまでの時間《じかん》を使《つか》って、
右足《みぎあし》の指《ゆび》で碁石《ごいし》をつかみ、並《なら》び変《か》えて我々《われわれ》に遺《のこ》したんだよ…
このダイイングメッセージをね!!

このPC《パソコン》のボタンに貼《は》ってある、
変《へん》なシールの模様《もよう》がね!

被害者《ひがいしゃ》の板倉《いたくら》は視《し》力《りょく》が低下《ていか》していて、点字《てんじ》を覚《おぼ》えていた。そして、死《し》の間際《まぎわ》に碁石《ごいし》を置《お》き、点字《てんじ》のダイイングメッセージを残《のこ》していた。コナンは、これを見抜《みぬ》き事件《じけん》を解決《かいけつ》したぞ。

模様《もよう》ってこれ点字《てんじ》じゃない?
え?
そういえば、板倉《いたくら》さんも私《わたし》と同《おな》じく視力《しりょく》がかなり低下《ていか》していて…
今《いま》、点字《てんじ》を覚《おぼ》えていると言《い》ってました…
点字《てんじ》…
そうか!知《し》っている人《ひと》しか理解《りかい》できない言葉《ことば》…
まさかこれ、点字《てんじ》なんじゃ…

暗号《あんごう》ファイル6 点字《てんじ》

夜《よる》でも読《よ》めるので「夜間《やかん》文字《もじ》」と呼《よ》ばれた

暗《くら》くて読《よ》めないな。
バルビエ
m o o n
暗《くら》い場所《ばしょ》でも
指《ゆび》で触《さわ》って読《よ》める
「12点点字《てんてんじ》」を考案《こうあん》

多《おお》くの人《ひと》が使《つか》っている点字《てんじ》 最初《さいしょ》は暗号《あんごう》として誕生《たんじょう》した!?

現在《げんざい》では主《おも》に視覚《しかく》に障害《しょうがい》がある人《ひと》たちが指《ゆび》で触《さわ》って読《よ》む点字《てんじ》。まんがの中《なか》では暗号的《あんごうてき》に使《つか》われていたけど、実際《じっさい》に点字《てんじ》は暗号《あんごう》ではなく、多《おお》くの人《ひと》が使《つか》えるように考《かんが》えられて作《つく》られている。ところが、最初《さいしょ》に作《つく》られた点《てん》字《じ》は、実《じつ》は暗号《あんごう》として作《つく》られたといわれているよ。

点字《てんじ》を最初《さいしょ》に作《つく》ったのは、フランスの軍人《ぐんじん》シャルル・バルビエ。彼《かれ》は暗《くら》い夜間《やかん》の戦場《せんじょう》でも伝言板《でんごんばん》に書《か》かれた文字《もじ》などを指《ゆび》で触《さわ》って読《よ》む一種《いっしゅ》の暗号《あんごう》として、12個《こ》の点《てん》で構成《こうせい》された点字《てんじ》を発明《はつめい》。その後《ご》バルビエは、この点字《てんじ》が視覚《しかく》に障害《しょうがい》がある人《ひと》に役立《やくだ》つと考《かんが》え、盲学校《もうがっこう》を訪《おとず》れ点字《てんじ》を教《おし》えると生徒《せいと》は大喜《おおよろこ》び! まだ改良点《かいりょうてん》も多《おお》かったけど、点字《てんじ》の歴史《れきし》はここから始《はじ》まったんだ。

シャルル・バルビエ

1767年生《ねんう》まれ−1841年没《ねんぼつ》。ナポレオン時《じ》代《だい》のフランスの砲兵《ほうへい》大尉《たいい》。暗《くら》い戦場《せんじょう》でも指令《しれい》伝達《でんたつ》ができる暗《あん》号《ごう》として点字《てんじ》を発明《はつめい》。

現在《げんざい》も世界中《せかいじゅう》で使《つか》われている「ブライユ点字《てんじ》」の誕生《たんじょう》!!

シャルル・バルビエが軍隊《ぐんたい》で使《つか》うために作《つく》った点字《てんじ》。それを、フランス人《じん》のルイ・ブライユが誰《だれ》もが使《つか》えるように改良《かいりょう》し、誕生《たんじょう》したのが「ブライユ点字《てんじ》」なんだ。

ブライユは視覚《しかく》に障害《しょうがい》があり、パリの盲学校《もうがっこう》に通《かよ》っていた。学校《がっこう》でバルビエの点字《てんじ》と出会《であ》い感激《かんげき》するが、同時《どうじ》に使《つか》いづらさも感《かん》じた。12個《こ》の点《てん》で作《つく》られた点字《てんじ》は大《おお》きすぎて指先《ゆびさき》で読《よ》みにくく、数字《すうじ》や楽譜《がくふ》(当時《とうじ》の盲学校《もうがっこう》に通《かよ》う生徒《せいと》は、音楽《おんがく》を勉強《べんきょう》しそれを仕事《しごと》にする場合《ばあい》が多《おお》かった)が表現《ひょうげん》できなかったんだ。そこでブライユは、下《した》の図《ず》のような6つの点《てん》で作《つく》られた点字《てんじ》を考案《こうあん》。アルファベット以外《いがい》に数字《すうじ》や楽譜《がくふ》、アクセント記《き》号《ごう》も表現《ひょうげん》でき、以後《いご》の点字《てんじ》の基礎《きそ》となったんだよ。

ルイ・ブライユ

1809年《ねん》生《う》まれ−1852年没《ねんぼつ》。フランスの盲《もう》学校教師《がっこうきょうし》。現在《げんざい》でも、多《おお》くの国《くに》や地域《ちいき》で点《てん》字《じ》のことが「ブライユ」と呼《よ》ばれている。

ブライユの点字配列表《てんじはいれつひょう》

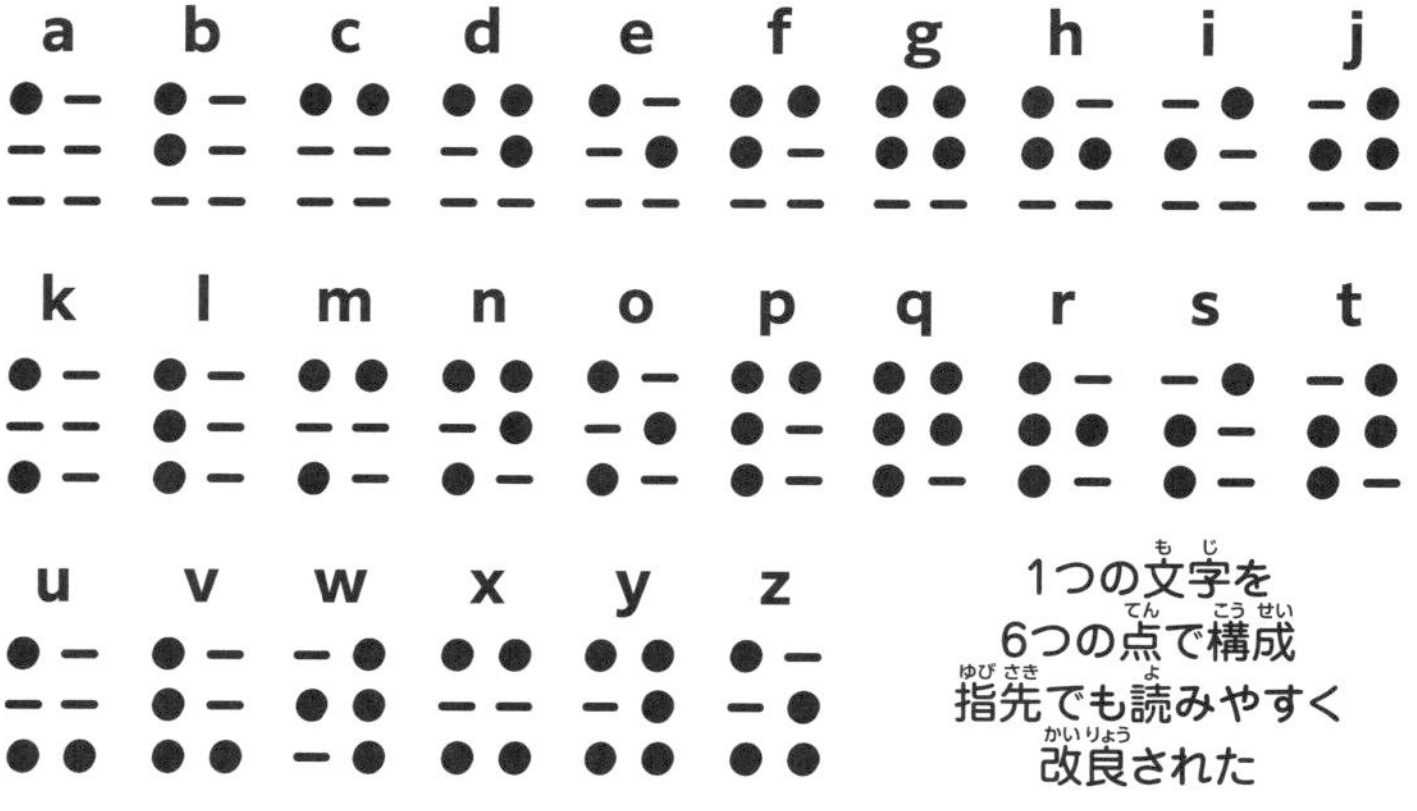
a b c d e f g h i j
k l m n o p q r s t
u v w x y z

1つの文字《もじ》を
6つの点《てん》で構成《こうせい》
指先《ゆびさき》でも読《よ》みやすく
改良《かいりょう》された

「ブライユ点字《てんじ》」をもとにして日本語《にほんご》の点字《てんじ》開発《かいはつ》が行《おこな》われた!!

日本《にほん》に点字《てんじ》が伝《つた》わったのは19世紀《せいき》の後半《こうはん》。東京盲唖《とうきょうもうあ》学校《がっこう》に赴任《ふにん》した教育者《きょういくしゃ》の小西信八《こにしのぶはち》は、凸字《とつじ》（字《じ》そのものを凹凸《おうとつ》で表《あらわ》したもの）の教科書《きょうかしょ》を苦労《くろう》して読《よ》む生徒《せいと》を見《み》て、もっと便利《べんり》な文字《もじ》が必要《ひつよう》だと痛感《つうかん》した。そこで海外《かいがい》の盲学校《もうがっこう》で使《つか》われているブライユ点字《てんじ》を日本《にほん》語《ご》の仮名《かな》に翻訳《ほんやく》できないかと、教師《きょうし》の石川倉次《いしかわくらじ》に相《そう》談《だん》。そこから日本語《にほんご》の点字《てんじ》開発《かいはつ》が始《はじ》まったんだ。

6つの点《てん》で構成《こうせい》される点字《てんじ》で作《つく》れる形《かたち》は63通《とお》り。ただし、上下《じょうげ》の位置《いち》がちがうだけで同《おな》じ形《かたち》をした点字《てんじ》は間違《まちが》えやすい。石川倉次《いしかわくらじ》はその形《かたち》は抜《ぬ》こうと考《かんが》えた。その場合《ばあい》使《つか》える点字《てんじ》の形《かたち》は44種類《しゅるい》。50音《おん》の仮名《かな》を表《あらわ》すには数《かず》が足《た》りない。そこで石川倉次《いしかわくらじ》はローマ字《じ》のように母音《ぼいん》と子音《しいん》を分《わ》けることにした。つまり右《みぎ》の表《ひょう》のように、「あ」と「さ行《ぎょう》」の組《く》み合《あ》わせで「さ」。「お」と「た行《ぎょう》」の組《く》み合《あ》わせで「と」と読《よ》むようにした。「ざ」や「ぱ」などの濁音《だくおん》・半濁音《はんだくおん》の文字《もじ》は2マスを使《つか》って表《ひょう》現《げん》。数字《すうじ》や楽譜《がくふ》などの表《あらわ》し方《かた》はブライユ点字《てんじ》の形《かたち》を取《と》り入《い》れ、日本《にほん》の新《あたら》しい点字《てんじ》を完成《かんせい》させたぞ。

1890年《ねん》の11月《がつ》1日《ついたち》に当時《とうじ》の明治政府《めいじせいふ》は、石川倉《いしかわくら》次《じ》が作《つく》り出《だ》した点字《てんじ》の採用《さいよう》を決定《けってい》。それにちなんで11月《がつ》1日《ついたち》は点字記念日《てんじきねんび》に制定《せいてい》されたんだよ。

石川倉次《いしかわくらじ》

1859年《ねん》生《う》まれ－1944年《ねん》没《ぼつ》。教育《きょういく》者《しゃ》。「ブライユ点字《てんじ》」をもとにして日本語《にほんご》の点字《てんじ》を開発《かいはつ》。「日本点字《にほんてんじ》の父《ちち》」と呼《よ》ばれている。

日本語《にほんご》に合《あ》った点字《てんじ》の工夫《くふう》

①②④で母音《ぼいん》
③⑤⑥で子音《しいん》を表《あらわ》す

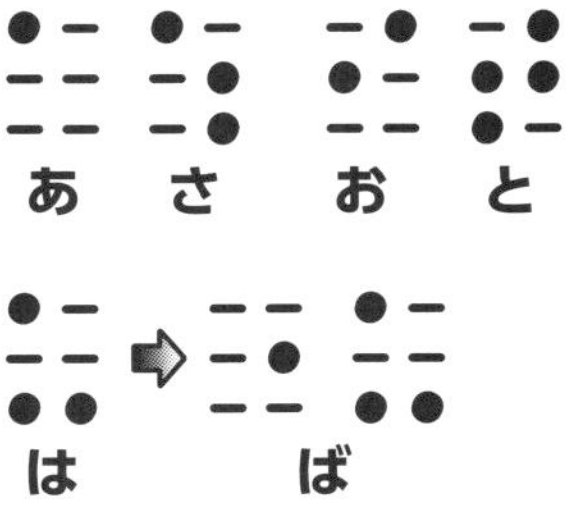

濁音《だくおん》や半濁音《はんだくおん》は符号《ふごう》を1マス加《くわ》える

身近《みぢか》に使《つか》われている点字《てんじ》を探《さが》してみよう！

エレベーター

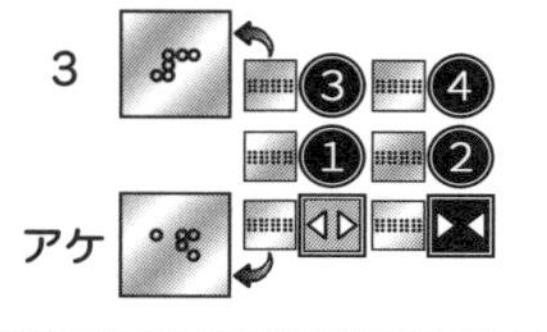

公共《こうきょう》のビルやマンションなどのエレベーター。そのドアの脇《わき》にある階数《かいすう》のボタンや扉《とびら》の開閉《かいへい》ボタンのすぐ横《よこ》には、点字《てんじ》の表示《ひょうじ》がついている。それだけでなく、何《なに》かあった時《とき》に押《お》す非常《ひじょう》ボタンにも、必《かなら》ず点字《てんじ》がついているよ。

駅《えき》・電車《でんしゃ》

駅《えき》の階段《かいだん》の手《て》すりには番線《ばんせん》や電車《でんしゃ》の行《ゆ》き先《さき》が点字《てんじ》で書《か》かれ、ホームドアや車内《しゃない》ドアにも、ここが何号車《なんごうしゃ》の何番目《なんばんめ》のドアか書《か》かれている場合《ばあい》が多《おお》い。ホームの床《ゆか》や階段《かいだん》の前後《ぜんご》に敷《し》かれた点字《てんじ》ブロックもおなじみだよね。

生活家電《せいかつかでん》

洗濯機《せんたくき》や炊飯器《すいはんき》、電子《でんし》レンジ、浄水器《じょうすいき》、テレビのリモコン、トイレのウォシュレットなどの家電《かでん》。これらには点字《てんじ》の表示《ひょうじ》やさわってボタンの位置《いち》が分《わ》かる工夫《くふう》がされている。自分《じぶん》の家《いえ》にもどんなものがあるか探《さが》してみよう。

日用品《にちようひん》

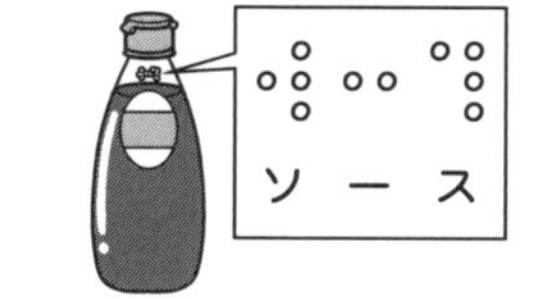

ドレッシングやソース、ジャムの蓋《ふた》、ビールなどアルコール類《るい》の飲《の》み物《もの》の缶《かん》の開《あ》け口《ぐち》にも、点字《てんじ》の表示《ひょうじ》が書《か》かれているよ。料理《りょうり》でまちがって使《つか》わないためや、アルコールと気《き》づかずに飲《の》まないためにも重要《じゅうよう》な表示《ひょうじ》なんだ。

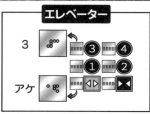

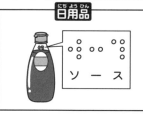

暗《あん》号《ごう》博士《はかせ》＜中《ちゅう》級《きゅう》編《へん》03＞

「ピンポンダッシュ」

黒《くろ》ずくめの組《そ》織《しき》の

暗《あん》殺《さつ》計《けい》画《かく》を阻《そ》止《し》せよ!!

コミックス48巻《かん》に収録《しゅうろく》!!!

毛利《もうり》小《こ》五《ご》郎《ろう》がテレビにゲスト出演《しゅつえん》!!

沖野《おきの》ヨーコの番組《ばんぐみ》にゲストとして出演《しゅつえん》した小五郎《こごろう》。その収録《しゅうろく》を見学《けんがく》しに、コナンと蘭《らん》もテレビ局《きょく》に来《き》ていた。収録後《しゅうろくご》、沖野《おきの》ヨーコは会《あ》わせたい人《ひと》がいると、3人《にん》を食堂《しょくどう》に誘《さそ》うが…。

沖野《おきの》ヨーコの4分《ぷん》クッキング!!
今日《きょう》のゲストは名探偵《めいたんてい》の毛利小五郎《もうりこごろう》さんでした——!!
ではではまた来週《らいしゅう》!!
OK《オーケー》!CM《シーエム》入《はい》りまーす!
お疲《つか》れ〜〜!!

あれ?あなた確《たし》か日曜夜《にちようよる》のニュースでよく画面《がめん》の端《はし》にいる…
アナウンサーの水無怜奈《みずなしれな》さんです…
初《はじ》めまして…
ちょっとヨーコちゃん?
本当《ほんとう》にあんな事《こと》名探偵《めいたんてい》に相談《そうだん》させるつもりなの?
水無怜奈《みずなしれな》(27)
アナウンサー
大丈夫《だいじょうぶ》!毛利《もうり》さんならきっと力《ちから》になってくれますから!
でもねえ……
何《なに》かお困《こま》り事《ごと》ですか?

ピ、ピンポンダッシュ!?

テレビ局《きょく》で水無怜奈《みずなしれな》から奇妙《きみょう》な依頼《いらい》が!?

沖野《おきの》ヨーコが小五郎《こごろう》たちに紹介《しょうかい》したのは、アナウンサーの水無怜奈《みずなしれな》。彼女《かのじょ》は最近困《さいきんこま》っていることがあり、小五郎《こごろう》に調査《ちょうさ》を依頼《いらい》したいという。その内容《ないよう》は、なんとピンポンダッシュ。ただのイタズラではないらしいのだが!?

チャイムが鳴《な》った時《とき》に玄関《げんかん》の音《おと》を拾《ひろ》えるように…
一応《いちおう》、盗聴器《とうちょうき》を仕掛《しか》けておくか…
仕掛《しか》ける場所《ばしょ》は扉《とびら》の外《そと》の壁《かべ》…
ここなら後《あと》ですぐに回収《かいしゅう》できる…
クチャクチャ
はがれ落《お》ちてどこかに行《い》っちまった時《とき》のために…
発信器《はっしんき》もチューインガムにくるんでと…

こ、
子供《こども》!?

▲▶コナンは怜奈《れな》の家《いえ》の玄関《げんかん》に盗聴器《とうちょうき》を仕掛《しか》けるが、それを使《つか》うまでもなく事件《じけん》を解決《かいけつ》する。

犯人《はんにん》は意外《いがい》な人物《じんぶつ》！しかし捜査《そうさ》でコナンが仕掛《しか》けた盗聴器《とうちょうき》から、思《おも》いがけない音声《おんせい》が!?

犯人《はんにん》は水無怜奈《みずなしれな》が寝坊《ねぼう》しないように呼《よ》び鈴《りん》を押《お》していた子《こ》どもだった。依頼《いらい》は無事解決《ぶじかいけつ》したが、コナンの仕掛《しか》けた盗聴器《とうちょうき》が偶然《ぐうぜん》怜奈《れな》の靴《くつ》につき、驚愕《きょうがく》の音声《おんせい》がコナンの耳《みみ》に届《とど》く!!

ガチャ
ポロ
コツ
コロコロ
コツ
グニュ
靴《くつ》の音《おと》がしてるって事《こと》は水無《みずなし》さんが踏《ふ》んじまったんだな…
コツ
コツ
コツ
ん？
ピーーッ
携帯電話《けいたいでんわ》の起動音《きどうおん》…
え？
ピッ
ポ
ポ…
パ

水無怜奈《みずなしれな》が打《う》った携帯電話《けいたいでんわ》のプッシュ音《おん》、そのメロディは「七《なな》つの子《こ》」だった!!

聞《き》こえてきたのは黒《くろ》ずくめの組織《そしき》の一員《いちいん》であるベルモットが、ボスに連絡《れんらく》を取《と》っていたときと同《おな》じメロディ。つまり、怜奈《れな》も組織《そしき》の一員《いちいん》だった!?

な、
七《なな》つの子《こ》!!?
まさか あの人《ひと》…
まさか…

やべ…
発信器《はっしんき》の移動速度《いどうそくど》が早《はや》まった!!
車《くるま》に乗《の》りやがったな!!

逃《に》がすかよ!!

発信器《はっしんき》を辿《たど》り コナンは車《くるま》を追跡《ついせき》するが!?

怜奈《れな》の靴《くつ》についた盗聴器《とうちょうき》は、発信器《はっしんき》にもなっていた。コナンはその痕跡《こんせき》をたどるために、阿笠博士《あがさはかせ》や灰原《はいばら》と合流《ごうりゅう》。博士《はかせ》の運転《うんてん》する車《くるま》で怜奈《れな》を追跡《ついせき》する。その先《さき》で待《ま》っていたものとは!?

水無怜奈《みずなしれな》が会《あ》っていたのは黒《くろ》ずくめの組織《そしき》！その目的《もくてき》は「DJ《ディージェイ》」を「エディP《ピー》」で暗殺《あんさつ》すること!?

コナンは、怜奈《れな》がジンやベルモットたちと暗殺計画《あんさつけいかく》について打《う》ち合《あ》わせするのを盗聴《とうちょう》。ターゲットは「DJ《ディージェイ》」、暗殺《あんさつ》の実行場所《じっこうばしょ》は「エディP《ピー》」らしいが…!?

どうした? キール… 約束《やくそく》は10時《じ》のはずだぞ…
ジン!!!
ごめんなさいね…
気《き》になる車《くるま》がついて来《き》ていたから、念《ねん》のためにまいてたのよ…

妙《みょう》な勘《かん》ぐりで私《わたし》を撃《う》てば…
DJ《ディージェイ》は殺《や》れないんじゃなくて?
DJ《ディージェイ》だと?
フン まあいい…
このビルの500m《メートル》四方《しほう》には我々《われわれ》の目《め》が届《とど》いている…
妙《みょう》な車《くるま》が近《ちか》づけばすぐにわかるだろーからな…
チャキ

これはあの方《かた》の命令《めいれい》でもあるんだぜ?
ちっ…
それにしても場所《ばしょ》がエディP《ピー》だなんて…

▲水無怜奈《みずなしれな》は「キール」の名《な》を持《も》つ組織《そしき》の一員《いちいん》だった。ジンやベルモットとともに暗殺計画《あんさつけいかく》に参加《さんか》する。

「DJ《ディージェイ》」と呼《よ》ばれる人物《じんぶつ》は誰《だれ》？そして「エディP《ピー》」と呼《よ》ばれる場所《ばしょ》は!?

灰原《はいばら》！わかるか!? DJ《ディージェイ》って誰《だれ》なんだ!?
え？
エディP《ピー》ってどこなんだよ!?

コナンは合流《ごうりゅう》したFBI《エフビーアイ》のジョディから得《え》た情報《じょうほう》をもとに、「DJ《ディージェイ》」が誰《だれ》なのか、「エディP《ピー》」がどの場所《ばしょ》かを特定《とくてい》。現場《げんば》へ向《む》かうが、雨《あめ》が降《ふ》り出《だ》し、ジンは暗殺《あんさつ》場所《ばしょ》を変更《へんこう》してしまう。コナンはジョディたちと、次《つぎ》なる暗殺《あんさつ》計画《けいかく》の阻止《そし》に動《うご》く!!

奴《やつ》らが言《い》ってたんだ！何《なに》かの暗号《あんごう》なんだろ？
さあ…
DJ《ディージェイ》はわからないけど、エディP《ピー》が場所《ばしょ》ならP《ピー》は駐車場《パーキング》か公園《パーク》じゃないかしら…

詳《くわ》しくは話《はな》せないけど…彼女《かのじょ》、今日《きょう》ある三人《さんにん》にインタビューするらしいのよ…
もしかしたらその三人《さんにん》の中《なか》の誰《だれ》かに彼《かれ》らの息《いき》がかかっている人《ひと》がいて…
何《なに》かの取引《とりひき》か情報交換《じょうほうこうかん》がされるんじゃないかと思《おも》ってね…

その人《ひと》の後援会事務所《こうえんかいじむしょ》に問《と》い合《あ》わせて聞《き》いてみようじゃねーか！午後《ごご》1時頃《じごろ》の候補者《こうほしゃ》の予定《よてい》を…
ま、まさかわかったの？

▶FBI《エフビーアイ》も黒《くろ》ずくめの組織《そしき》の計画《けいかく》をつかんでいて、捜査網《そうさもう》を広《ひろ》げていたが…。

ああ…その三人《さんにん》の中《なか》の誰《だれ》が…
奴《やつ》らの標的《ひょうてき》のDJ《ディージェイ》かって事《こと》はね！

暗号《あんごう》ファイル 7 隠語《いん ご》

仲間同士以外《なかまどうしいがい》には意味《いみ》が分《わ》からない

あの予定《よてい》はばらして。
はい。
？
？
テレビ業界《ぎょうかい》の2人《ふたり》

本来《ほんらい》の意味《いみ》とは異《こと》なる言葉《ことば》を暗号《あんごう》のように使《つか》う目的《もくてき》は？

隠語《いんご》とは、まんがのように特定《とくてい》の組織《そしき》・職業《しょくぎょう》や仲間《なかま》の中《なか》だけで通用《つうよう》し、それ以外《いがい》の人《ひと》には意味《いみ》を知《し》られないように使《つか》う言葉《ことば》。一般的《いっぱんてき》な用語《ようご》を短《みじか》く略《りゃく》したり逆《さか》さまに読《よ》んだり、用語《ようご》の正《ただ》しい意味《いみ》とは別《べつ》の意味《いみ》で用《もち》いたり、あるいは新《あたら》しい言葉《ことば》を作《つく》る場合《ばあい》がある。

言葉《ことば》の本来《ほんらい》の意味《いみ》を別《べつ》の言葉《ことば》で隠《かく》す方法《ほうほう》は、古《ふる》くから使《つか》われてきた。たとえば、災《わざわ》いを避《さ》けたり縁起《えんぎ》をかつぐために、不吉《ふきつ》な言葉《ことば》を別《べつ》の言葉《ことば》に言《い》い換《か》える「忌《い》み言葉《ことば》」がそうだ。また、古代《こだい》エジプトなどでは子《こ》どもが「一般《いっぱん》に使《つか》う名前《なまえ》」と「真《しん》の名前《なまえ》」を持《も》ち、普段《ふだん》は真《しん》の名前《なまえ》を隠《かく》して悪霊《あくりょう》から身《み》を守《まも》ったという。

隠語《いんご》を使《つか》う組織《そしき》にはどんなものがあるのか？　情報《じょうほう》を簡潔《かんけつ》に伝《つた》えたり部外者《ぶがいしゃ》に内容《ないよう》を秘密《ひみつ》にする目的《もくてき》では、事件《じけん》を捜査《そうさ》する警察《けいさつ》、タクシーや飲食店《いんしょくてん》など接客《せっきゃく》を行《おこな》う業界《ぎょうかい》、悪事《あくじ》を働《はたら》く犯罪組織《はんざいそしき》などが挙《あ》げられる。また、隠語《いんご》は仲間同士《なかまどうし》であることを認《みと》め合《あ》う目的《もくてき》で使《つか》われる場合《ばあい》もあり、テレビ業界用語《ぎょうかいようご》がそれにあたる。伝《つた》えたい人《ひと》にだけ内容《ないよう》が分《わ》かるようにしているという意味《いみ》では、隠語《いんご》は暗号《あんごう》に似《に》ているね。

防犯《ぼうはん》や救助《きゅうじょ》の現場《げんば》での交信《こうしん》に欠《か》かせない隠語《いんご》・略語《りゃくご》

事件《じけん》が起《お》きて現場《げんば》にかけつけた警察官《けいさつかん》は、警察官同志《けいさつかんどうし》の会話《かいわ》や無線機《むせんき》を用《もち》いて警察本部《けいさつほんぶ》や警察署《けいさつしょ》と交信《こうしん》を行《おこな》うとき、隠語《いんご》や略語《りゃくご》を用《もち》いることで内容《ないよう》を暗号化《あんごうか》している。これは、捜査情報《そうさじょうほう》や事件《じけん》について話《はな》している内容《ないよう》の意味《いみ》を警察以外《けいさついがい》の部外者《ぶがいしゃ》に知《し》られて捜査《そうさ》に支障《ししょう》をきたさないようにすることと、聞《き》き間違《まちが》いが起《お》きにくい略語《りゃくご》で交信《こうしん》を簡潔《かんけつ》かつ正《ただ》しく行《おこな》うことが目的《もくてき》なんだ。

また、火災《かさい》や事故《じこ》が起《お》きると車両《しゃりょう》で出動《しゅつどう》する消防士《しょうぼうし》や救助隊《きゅうじょたい》も、消防本部《しょうぼうほんぶ》や消防署《しょうぼうしょ》との交信《こうしん》で独自《どくじ》の通話《つうわ》コードを用《もち》いている。人命救助《じんめいきゅうじょ》は一分一秒《いっぷんいちびょう》を争《あらそ》うので、長《なが》い言《い》い回《まわ》しではなく、短《みじか》い言葉《ことば》を使《つか》って素早《すばや》く交信《こうしん》を行《おこな》う必要《ひつよう》があるからなんだ。ちなみに、消防庁《しょうぼうちょう》の通話《つうわ》コードは都道府県《とどうふけん》によって異《こと》なるよ。

交信内容《こうしんないよう》の秘密《ひみつ》を守《まも》る

警視庁《けいしちょう》の隠語《いんご》・略語《りゃくご》

マル害《がい》	被害者《ひがいしゃ》
マル被《ひ》	被疑者《ひぎしゃ》
マルモク	目撃者《もくげきしゃ》
マルタイ	対象者《たいしょうしゃ》、逮捕《たいほ》
ゲンタイ	現行犯逮捕《げんこうはんたいほ》
バン	職務質問《しょくむしつもん》
PB《ピービー》	交番《こうばん》
PC《ピーシー》	パトカー

東京消防庁通話《とうきょうしょうぼうちょうつうわ》コード

002	交通事故《こうつうじこ》
005	職員《しょくいん》に対《たい》する加害《かがい》
252	逃《に》げ遅《おく》れ、要救助者《ようきゅうじょしゃ》
254	現場待機《げんばたいき》
257	特殊車活動不能《とくしゅしゃかつどうふのう》
258	現場引揚《げんばひきあげ》（最終《さいしゅう》）
554	警察官要請《けいさつかんようせい》

知《し》らないと分《わ》からない！業界《ぎょうかい》ならではの隠語《いんご》

業界《ぎょうかい》の中《なか》でしか通用《つうよう》しない用語《ようご》を使《つか》っている例《れい》として有名《ゆうめい》なのがテレビ業界《ぎょうかい》。言葉《ことば》の響《ひび》きのかっこよさを意識《いしき》したものもあるが、予定《よてい》のキャンセルを意味《いみ》する「ばらす」、編集《へんしゅう》でカットすることを表《あらわ》す「つまむ」、スタジオで出演者《しゅつえんしゃ》の立《た》ち位置《いち》をテープでマークする「ばみる」のように、あわただしい収録現場《しゅうろくげんば》で手短《てみじか》に指示《しじ》を伝《つた》えるためなど仕事《しごと》に欠《か》かせない用語《ようご》がたくさん使《つか》われている。なかには、「ギャラ」（報酬《ほうしゅう》）や「ガチ・ガチンコ」（本物《ほんもの》）のように、テレビ業界以外《ぎょうかいいがい》でも一般的《いっぱんてき》に使《つか》われるようになった用語《ようご》もあるよ。

また、タクシー業界《ぎょうかい》では運転手《うんてんしゅ》が無線機《むせんき》を使用《しよう》して運営会社《うんえいがいしゃ》に業務連絡《ぎょうむれんらく》を行《おこな》ったり指示《しじ》を受《う》けることが多《おお》く、簡潔《かんけつ》に情報《じょうほう》を伝《つた》えるために業界用語《ぎょうかいようご》が使《つか》われている。さらに、運転中《うんてんちゅう》に強盗《ごうとう》などの犯罪《はんざい》に巻《ま》き込《こ》まれることもあるため、不審者《ふしんしゃ》を意味《いみ》する「カバンの忘《わす》れ物《もの》」のように運転手《うんてんしゅ》の安全確保《あんぜんかくほ》を目的《もくてき》とした業界用語《ぎょうかいようご》もあるよ。その一方《いっぽう》、近年《きんねん》はドライブレコーダーで運転《うんてん》や乗車《じょうしゃ》の状況《じょうきょう》を記録《きろく》できるため、それらを示《しめ》す用語《ようご》を使《つか》う機会《きかい》も少《すく》なくなったという。また、運転手《うんてんしゅ》の若年《じゃくねん》化《か》や人員《じんいん》の流動化《りゅうどうか》が進《すす》み、昔《むかし》からの風習《ふうしゅう》になじみがない人《ひと》たちは業界用語《ぎょうかいようご》をあまり使《つか》わないそうだよ。

テレビ業界用語《ぎょうかいようご》

その箱《はこ》をわらって。

押《お》し → 時間《じかん》の遅《おく》れ
がや → エキストラ
つまむ → 編集《へんしゅう》でカット
ばらす → 取《と》り消《け》す
巻《ま》く → 進行《しんこう》を急《いそ》ぐ
わらう → 取《と》り除《のぞ》く

タクシー業界用語《ぎょうかいようご》

上《うえ》へ向《む》かいます。

上《うえ》 → 高速道路《こうそくどうろ》
下《した》 → 一般道路《いっぱんどうろ》
かごぬけ → 乗《の》り逃《に》げ
倒《たお》す → お客《きゃく》を乗《の》せた回数《かいすう》

話《はな》す人《ひと》が少《すく》ない言語《げんご》も知《し》らない人《ひと》にとっては暗号《あんごう》！

暗号《あんごう》とは元々《もともと》のメッセージを特殊《とくしゅ》な方式《ほうしき》で変形《へんけい》させるものだが、話《はな》す人《ひと》が限《かぎ》られている方言《ほうげん》や一部《いちぶ》の民族《みんぞく》だけ用《もち》いている言語《げんご》など、日常的《にちじょうてき》に使《つか》われている言葉《ことば》がそのまま暗号《あんごう》として使《つか》われたことがあるんだ。

第二次世界大戦《だいにじせかいたいせん》でアメリカ軍《ぐん》は、戦場《せんじょう》だと暗号機《あんごうき》を用《もち》いて複雑《ふくざつ》な暗号《あんごう》を作成《さくせい》している時間《じかん》の余裕《よゆう》がないため、文法《ぶんぽう》も発音《はつおん》も複雑《ふくざつ》な言語《げんご》を話《はな》すナバホ族《ぞく》という先住民《せんじゅうみん》を通信兵《つうしんへい》として雇《やと》った。無線通信《むせんつうしん》の送《おく》り手《て》と受《う》け手《て》をナバホ族《ぞく》が務《つと》め、まず英語《えいご》の通信文《つうしんぶん》を受《う》け取《と》った送《おく》り手《て》がナバホ語《ご》に翻訳《ほんやく》してから送信《そうしん》し、それを受《う》け手《て》が英語《えいご》に戻《もど》して情報《じょうほう》を伝達《でんたつ》したんだ。敵軍《てきぐん》は解読《かいどく》するどころか言葉《ことば》を書《か》き取《と》ることすらできず、とても強力《きょうりょく》な暗号《あんごう》になった。このように言語《げんご》を暗号《あんごう》として話《はな》す通信《つうしん》兵《へい》は「コード・トーカー」と呼《よ》ばれていたよ。

暗号要員《あんごうよういん》として活躍《かつやく》したナバホ族《ぞく》

また日本《にほん》でも、戦時中《せんじちゅう》に方言《ほうげん》が暗号《あんごう》として使《つか》われたことがある。ドイツの日本大使館《にほんたいしかん》から本国《ほんごく》へ電話《でんわ》で機密情報《きみつじょうほう》を伝《つた》えることになり、通話《つうわ》を盗聴《とうちょう》されても内容《ないよう》を知《し》られないようにするために「アメリカ人《じん》に聞《き》き取《と》れない言葉《ことば》で会話《かいわ》しよう」というアイデアが出《で》た。通話《つうわ》に用《もち》いる言葉《ことば》として鹿児島弁《かごしまべん》が選《えら》ばれ、鹿児島県《かごしまけん》出身《しゅっしん》の職員《しょくいん》が早口《はやくち》で話《はな》したところ、電話《でんわ》を盗聴《とうちょう》したアメリカ軍《ぐん》はまったく解読《かいどく》できなかったという。結局《けっきょく》、鹿児島県《かごしまけん》になじみのあるアメリカ人《じん》が方言《ほうげん》だと気《き》づいたが、それまで長《なが》い期間《きかん》がかかったんだ。

鹿児島弁《かごしまべん》が暗号《あんごう》に！

いっき、けもどっ。（すぐに帰《かえ》る）
まっちょい。（待《ま》ってる）
? ?

機密情報《きみつじょうほう》を鹿児島弁《かごしまべん》で伝《つた》えた

暗号《あんごう》博士《はかせ》＜中級編《ちゅうきゅうへん》04＞

「紙《かみ》飛《ひ》行《こう》機《き》」

紙《かみ》飛《ひ》行《こう》機《き》に描《か》かれた
謎《なぞ》の模《も》様《よう》の正《しょう》体《たい》は!?
コミックス
61巻《かん》に収録《しゅうろく》
!!!
名探偵
コナン
61

日々《ひび》起《お》こる、いろいろな事件《じけん》のニュースをチェックするコナン…

——ったく…
放火《ほうか》に 誘拐《ゆうかい》に ひき逃《に》げに イタズラ…
ニュースチャンネル
ニュース速報
■連続放火魔逮捕
■誘拐犯逃走中に自殺
■ひき逃げ今月9件目
■大迷惑！紙飛行機野郎
>最新ニュース
PR
W 大好評 ガーリックサンド
まあ 事件《じけん》あっての 探偵《たんてい》だけど…
よくもまあ 毎日毎日《まいにちまいにち》 こんなに 色々《いろいろ》事件《じけん》が 起《お》こる もんだ…
ん？ この放火魔《ほうかま》… 毎回景気《まいかいけいき》づけに 酒《さけ》を1瓶空《びんあ》けてから 事《こと》に及《およ》んでた のか… 銘柄《めいがら》は バーボン…
WILD TURKEY
バーボン…

黒《くろ》ずくめの組織《そしき》の一員《いちいん》「バーボン」を思《おも》い出《だ》すコナンに、謎《なぞ》の紙飛行機《かみひこうき》が!!

そーいえば再《ふたた》び黒《くろ》ずくめの組織《そしき》に潜入《せんにゅう》したCIA《シーアイエー》の水無《みずなし》さんが言《い》ってた、奴《やつ》らの新《あら》たなメンバーの名前《なまえ》も…

情報収集及《じょうほうしゅうしゅうおよ》び観察力《かんさつりょく》と洞察力《どうさつりょく》に恐《おそ》ろしく長《た》けた探《さぐ》り屋《や》で…

コードネームはバーボン! 気《き》をつけて!!

バーボンか…まるで探偵《たんてい》みてーな野郎《やろう》だな…

あ、コナン君《くん》!

ぶつかるよー!

へ?

ヒュ
コツ
か、紙飛行機《かみひこうき》…?

わりーわりー…

どーでもいいけど何《なん》なんだ? この模様《もよう》…

日《ひ》の丸《まる》かよ?

あら、知《し》らないの?

都内《とない》で見《み》つかった大量《たいりょう》の飛行機《ひこうき》、その模様《もよう》にはちがいがあった!!

都内《とない》の至《いた》る所《ところ》で謎《なぞ》の紙飛行機《かみひこうき》が見《み》つかり、それが巷《ちまた》で騒《さわ》ぎになっていた。紙飛行機《かみひこうき》には丸《まる》や線《せん》で模様《もよう》が描《えが》かれ、模様《もよう》には複数《ふくすう》の種類《しゅるい》があるらしい。コナンは紙飛行機《かみひこうき》を見《み》て、模様《もよう》の意味《いみ》に気《き》づいたが…。

今《いま》、巷《ちまた》で騒《さわ》ぎになってる紙飛行機野郎《かみひこうきやろう》…
一昨日《おととい》と昨日《きのう》の2日間で100機近《きちか》くの紙飛行機《かみひこうき》が都内《とない》で回収《かいしゅう》されたらしいです!
その紙飛行機《かみひこうき》に描《か》いてあったみたいだよ!そんな模様《もよう》が…
ん?メール…
蘭《らん》からだ…
あいうえ
「今《いま》、世間《せけん》で騒《さわ》ぎになってる事件《じけん》、新一《しんいち》なら解《と》けるよね?
とりあえず現物《げんぶつ》が手《て》に入《はい》ったので画像送《がぞうおく》るね」…
あんだよこれ?
今朝《けさ》、元太《げんた》が飛《と》ばしてた紙飛行機《かみひこうき》じゃねーか!
あれ?でも元太《げんた》のとは少《すこ》し柄《がら》が違《ちが》うな…
お、紙飛行機《かみひこうき》の裏《うら》の画像《がぞう》もある…
おい…
まさかこれって!?

紙飛行機《かみひこうき》の模様《もよう》を見《み》た沖矢《おきや》とコナンはSOS《エスオーエス》のモールス符号《ふごう》だと見抜《みぬ》く!!

新一《しんいち》の家《いえ》で、居候《いそうろう》している沖矢昴《おきやすばる》と蘭《らん》たちが鉢合《はちあ》わせ。沖矢《おきや》も蘭《らん》から渡《わた》された紙飛行機《かみひこうき》を見《み》て、これがモールス符号《ふごう》だと気《き》づく。そして符号《ふごう》の意味《いみ》が、救難信号《きゅうなんしんごう》を意味《いみ》する「SOS《エスオーエス》」だと見抜《みぬ》いた。

フム…
これが君《きみ》の家《いえ》の庭《にわ》に?
う、うん!
だからその迷惑野郎《めいわくやろう》を捕《つか》まえて欲《ほ》しいの!
まあ捕《つか》まえられなくても、せめてどんな人《ひと》が何《なん》の目的《もくてき》で飛《と》ばしてるとかぐらいは…
……

そう…これは通信手段《つうしんしゅだん》としてよく使《つか》われていたモールス符号《ふごう》…
それに用《もち》いる丸《まる》は短点《たんてん》、棒《ぼう》は長点《ちょうてん》を表《あら》わしているんです!

▶大学院《だいがくいん》に通《かよ》う学《がく》生《せい》を名《な》乗《の》る沖矢《おきや》は、コナン顔負《かおま》けの鋭《するど》い推理《すいり》を披露《ひろう》する。

恐《おそ》らくこれは丸《まる》3つと棒《ぼう》3本《ぼん》を分《わ》けて縦《たて》に結《むす》んでくれというメッセージ…
モールス符号《ふごう》で短点《たんてん》3つはS《エス》、長点《ちょうてん》3つはO《オー》…
つまり…
SOS《エスオーエス》!!
救助《きゅうじょ》を求《もと》めるための遭難信号《そうなんしんごう》になるってわけさ!
S O S

新《あら》たに発見《はっけん》された紙飛行機《かみひこうき》を再現《さいげん》したコナンと沖矢《おきや》は、暗号《あんごう》の真意《しんい》に気《き》づく!!

コナンと沖矢《おきや》はテレビで新《あら》たな紙《かみ》飛行機《ひこうき》を目撃《もくげき》。映像《えいぞう》を参考《さんこう》に手元《てもと》の紙飛行機《かみひこうき》を折《お》り直《なお》した結果《けっか》、符号《ふごう》に込《こ》められたメッセージを読《よ》み解《と》いた。

本日未明《ほんじつみめい》、逃走中《とうそうちゅう》にビルから投身自殺《とうしんじさつ》した誘拐犯《ゆうかいはん》の身元《みもと》は未《いま》だ判明《はんめい》しておらず、
誘拐《ゆうかい》された造船会社社長《ぞうせんがいしゃしゃちょう》代田育雄《だいたいくお》さんの行方《ゆくえ》も不明《ふめい》のままで…
誘拐犯 投身自殺
誘拐された 代田育雄さん

紙飛行機《かみひこうき》折《お》ってるんだもん…

なるほど…
ここか!!

あ、あの…
昴《すばる》さん?
……

◀▲コナンと沖矢《おきや》はほぼ同時《どうじ》に謎《なぞ》を解《と》いた。2人《ふたり》の探偵《たんてい》としての実力《じつりょく》は同等《どうとう》か!?

暗号《あんごう》ファイル 8 モールス符号《ふごう》

モールス符号《ふごう》の通信方法《つうしんほうほう》

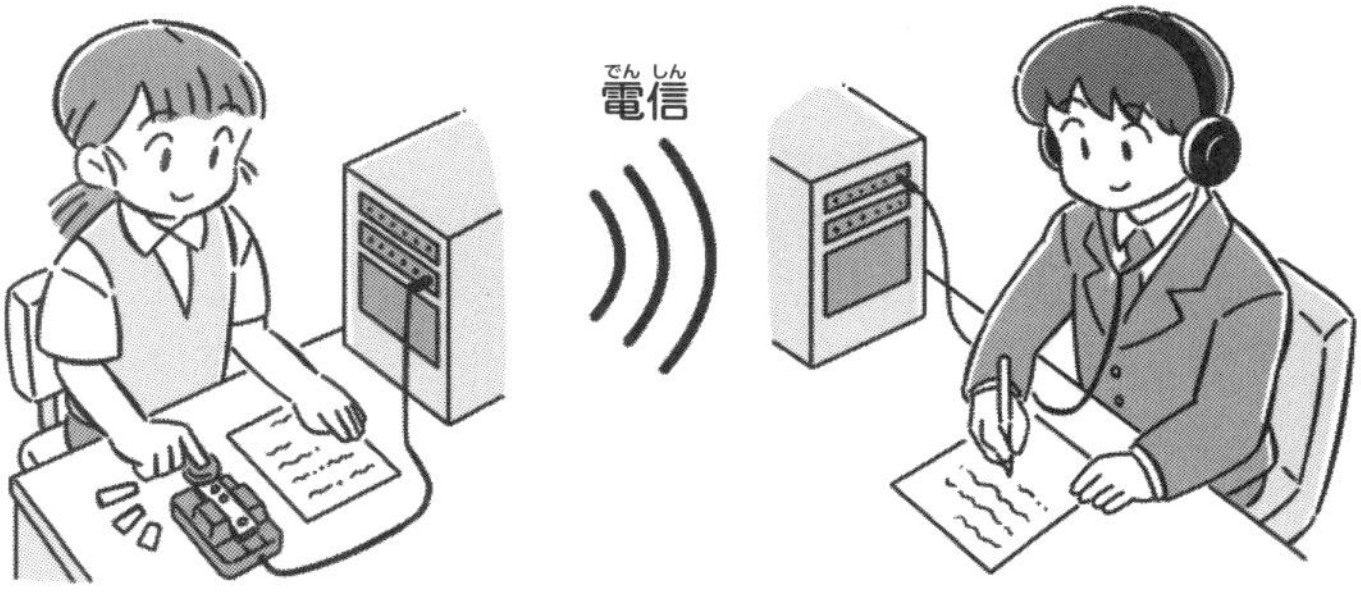
電信《でんしん》
メッセージの符号《ふごう》を打電《だでん》
符号《ふごう》をメッセージに戻《もど》す

A C N

・— —・—・ —・

長点《ちょうてん》「—」と短点《たんてん》「・」の組《く》み合《あ》わせで符号化《ふごうか》

モールス符号《ふごう》を使《つか》って行《おこな》う通信《つうしん》 それがモールス通信《つうしん》なんだ!!

まんがのエピソードの中《なか》で、助《たす》けを求《もと》める人《ひと》が紙飛《かみひ》行機《こうき》にSOS《エスオーエス》の暗号《あんごう》として書《か》いて飛《と》ばしたモールス符《ふ》号《ごう》。いったいどんなものか、それを確認《かくにん》していこう。

モールス符号《ふごう》は短《みじか》い音《おと》(短点《たんてん》)と長《なが》い音《おと》(長点《ちょうてん》)の組《く》み合《あ》わせを電気信号《でんきしんごう》で飛《と》ばしてアルファベットを表現《ひょうげん》する「モールス信号《しんごう》」の符号《ふごう》(音符《おんぷ》のようなもの)のことで、短点《たんてん》は「・」、長点《ちょうてん》は「－」で表記《ひょうき》される。この符号《ふごう》を音《おと》にして電気信号《でんきしんごう》で飛《と》ばし、聞《き》いた側《がわ》が音《おと》を符号《ふごう》に戻《もど》して内容《ないよう》を理解《りかい》するという通信手段《つうしんしゅだん》なんだ。

この符号《ふごう》は、いろいろな通《つう》信手段《しんしゅだん》が発達《はったつ》した現在《げんざい》でも漁《ぎょ》船《せん》の通信《つうしん》やアマチュア無線《むせん》などで使《つか》われている。仕組《しく》みが単純《たんじゅん》だから、厳《きび》しい環境《かんきょう》でも使《つか》えるんだ。ちなみに、日本《にほん》では符号《ふごう》の短点《たんてん》を「トン」、長点《ちょうてん》を「ツー」と表現《ひょうげん》することから、モールス信号《しんごう》を「トンツー」とも呼《よ》んでいたよ。

モールス信号《しんごう》の発明者《はつめいしゃ》はもともと画家《がか》だった!?

モールス信号《しんごう》を発明《はつめい》した人物《じんぶつ》の名《な》はサミュエル・モールス。19世紀《せいき》に活躍《かつやく》したアメリカ人《じん》の発明家《はつめいか》で、画家《がか》でもあったんだ。しかも、趣味《しゅみ》として描《か》いていたようなレベルではなく、イギリスのロイヤル・アカデミーに留学《りゅうがく》して本格的《ほんかくてき》に絵画《かいが》を学《まな》び、肖像画家《しょうぞうがか》としても活躍《かつやく》している。そんなモールスが、旅先《たびさき》から帰《かえ》ってくる船《ふね》の中《なか》で電信《でんしん》を開発中《かいはつちゅう》の発明家《はつめいか》と出会《であ》い意気投合《いきとうごう》。そこから電信機《でんしんき》の研究《けんきゅう》を始《はじ》めることになる。電信《でんしん》とは文字《もじ》や数字《すうじ》を符号《ふごう》にして、電気信号《でんきしんごう》でやりとりする技術《ぎじゅつ》のこと。当時《とうじ》は、声《こえ》でやりとりする電話《でんわ》がまだ発明《はつめい》されていなかったので、完成間近《かんせいまぢか》の電信機《でんしんき》に大《おお》きな期待《きたい》が寄《よ》せられていたんだ。

サミュエル・モールス

1791年《ねん》生まれ−1872年没《ねんぼつ》。画家《がか》と発明家《はつめいか》の双方《そうほう》で功績《こうせき》を残《のこ》し、故国《ここく》アメリカだけでなく多《おお》くの国《くに》から勲章《くんしょう》を授与《じゅよ》されている。

1844年《ねん》のモールス信号電信《しんごうでんしん》開通式《かいつうしき》

モールスは知《し》り合《あ》いの発明家《はつめいか》のアルフレッド・ルイス・ヴェイルといっしょに研究《けんきゅう》を行《おこな》い、1837年《ねん》にニューヨーク大学《だいがく》の構内《こうない》で電線《でんせん》を使《つか》った有線電信機《ゆうせんでんしんき》の公開実験《こうかいじっけん》を行《おこな》い成功《せいこう》。1844年《ねん》には、アメリカ連邦《れんぽう》政府《せいふ》からの依頼《いらい》を受《う》け、ワシントンD.C.《ディーシー》とボルチモア間《かん》61km《キロメートル》の距離《きょり》に試験用《しけんよう》の電線《でんせん》を引《ひ》いて電信《でんしん》の実験《じっけん》を行《おこな》い、こちらも見事《みごと》に成功《せいこう》した。この実験《じっけん》でモールス符号《ふごう》のもとになる符号《ふごう》が使《つか》われ、その後《ご》に何度《なんど》かの改良《かいりょう》を経《へ》て、現在《げんざい》のモールス符号《ふごう》として完成《かんせい》したんだ。

身近《みぢか》な物《もの》でモールス信号《しんごう》は送《おく》れる！ いざというときのため覚《おぼ》えておこう!!

モールス信号《しんごう》は電信《でんしん》だけでなく、懐中電灯《かいちゅうでんとう》や船《ふね》（船《ふね》の場合《ばあい》は和文《わぶん》モールス符号《ふごう》）に搭載《とうさい》されているライトなどでも伝《つた》えることが可能《かのう》なんだ。短点《たんてん》の「トン」はパッとライトを点灯《てんとう》させ、長点《ちょうてん》の「ツー」は少《すこ》し長《なが》めにライトを点灯《てんとう》させれば、離《はな》れた所《ところ》にいる人《ひと》へ通信《つうしん》できるぞ。この方法《ほうほう》は、夜間《やかん》にお互《たが》いのライトが見《み》える距離《きょり》にいる状況《じょうきょう》で使《つか》われていたよ。

モールス信号《しんごう》を使《つか》えば、海《うみ》や山《やま》の遭難時《そうなんじ》や災害時《さいがいじ》には懐中電灯《かいちゅうでんとう》を使《つか》い、山道《さんどう》などで交通《こうつう》事故《じこ》にあった場合《ばあい》は車《くるま》やバイクのヘッドライトで、SOS《エスオーエス》の救難信号《きゅうなんしんごう》を出《だ》せるんだ。モールス信号《しんごう》のSOS《エスオーエス》の出《だ》し方《かた》は「トントントン　ツーツーツー　トントントン」と覚《おぼ》えておこう。

ライトを使《つか》った通信《つうしん》の例《れい》

船同士《ふねどうし》の通信《つうしん》　　救難《きゅうなん》のSOS《エスオーエス》

覚《おぼ》えておこう！ ライトで発《はっ》するSOS《エスオーエス》

モールス信号《しんごう》のSOS《エスオーエス》

S	O	S
・・・	―――	・・・
⇩	⇩	⇩
短《みじか》い点灯《てんとう》3回《かい》	長《なが》い点灯《てんとう》3回《かい》	短《みじか》い点灯《てんとう》3回《かい》

懐中電灯《かいちゅうでんとう》

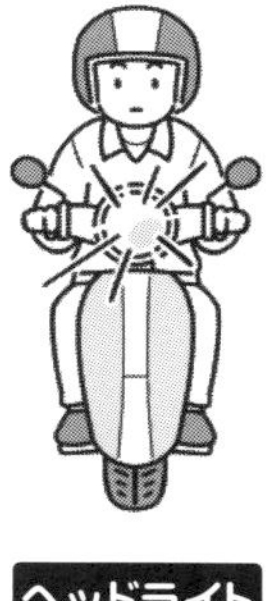

ヘッドライト

懐中電灯《かいちゅうでんとう》やヘッドライトの光《ひかり》でSOS《エスオーエス》の信号《しんごう》を送《おく》れる

電気通信《でんきつうしん》がなかった時代《じだい》の人《ひと》たちはどうやって遠《とお》くに情報《じょうほう》を伝《つた》えていた!?

モールス信号《しんごう》のような電信技術《でんしんぎじゅつ》が発明《はつめい》される以前《いぜん》は、遠《とお》く離《はな》れた場所《ばしょ》にいる人《ひと》たちにどうやって情報《じょうほう》を伝《つた》えていたのか？　実《じつ》は、簡単《かんたん》な道具《どうぐ》だけで遠《とお》くの人《ひと》に素早《すばや》く伝《つた》える方法《ほうほう》が、昔《むかし》から複数存在《ふくすうそんざい》していたんだ。

そのひとつが「狼煙《のろし》」。物《もの》を焼《や》いて煙《けむり》を上《あ》げ、離《はな》れた場所《ばしょ》の人《ひと》がそれを確認《かくにん》することで情報伝達《じょうほうでんたつ》を行《おこな》う手段《しゅだん》なんだ。燃《も》やす物《もの》の種類《しゅるい》で煙《けむり》の色《いろ》を変《か》えられ、色《いろ》の組《く》み合《あ》わせや上《あ》げる煙《けむり》の順番次第《じゅんばんしだい》で、複雑《ふくざつ》な情報《じょうほう》を伝《つた》えることも可能《かのう》。また、狼煙《のろし》を上《あ》げる人《ひと》を一定距離《いっていきょり》で複数配置《ふくすうはいち》しておけば、遠方《えんぽう》にも素早《すばや》く情報《じょうほう》を伝《つた》えられたぞ。狼煙《のろし》の歴史《れきし》は古《ふる》く、紀元前《きげんぜん》から使《つか》われていたんだ。

主《おも》にアフリカで使《つか》われていた「トーキングドラム」も情報伝達手段《じょうほうでんたつしゅだん》のひとつ。ドラムの音《おと》で人《ひと》が話《はな》す調子《ちょうし》を模倣《もほう》して、離《はな》れた場所《ばしょ》の人《ひと》に情報《じょうほう》を伝《つた》える方法《ほうほう》なんだ。かなり長《なが》いメッセージも送《おく》れたといわれている。

現在《げんざい》の海上自衛隊《かいじょうじえいたい》も使用《しよう》している「手旗信号《てばたしんごう》」も、昔《むかし》から活用《かつよう》されている。白《しろ》や赤《あか》などの旗《はた》を順番《じゅんばん》で振《ふ》ってカタカナを表《あらわ》し、望遠鏡《ぼうえんきょう》や双眼鏡《そうがんきょう》で見《み》える範囲《はんい》にいろいろな情報《じょうほう》を伝《つた》えられる信号《しんごう》なんだ。

遠《とお》く離《はな》れた相手《あいて》に情報《じょうほう》を伝《つた》えるアナログな通信《つうしん》

狼煙《のろし》　　トーキングドラム　　手旗信号《てばたしんごう》

暗号博士《あんごうはかせ》<上級編《じょうきゅうへん》01>

「鉄狸《てつたぬき》」

怪盗《かいとう》キッドからの予告状《よこくじょう》は本物《ほんもの》？

ニセモノ!?

怪盗《かいとう》キッドから予告状《よこくじょう》が鈴木次郎吉《すずきじろきち》に届《とど》くが…

怪盗《かいとう》キッドから、鈴木邸《すずきてい》にある大金庫《だいきんこ》・鉄狸《てつたぬき》を開《あ》けてみせる、との予告状《よこくじょう》が届《とど》いた。ところが予告状《よこくじょう》を受《う》け取《と》った鈴木次郎吉《すずきじろきち》は、この予告状《よこくじょう》はニセモノだと思《おも》っているらしく…。

「観念召《かんねんめ》され鈴木相談役《すずきそうだんやく》…
観念召され
鈴木相談役
無駄な抗いは止めて
赤子が如く神妙にし
月が闇に呑まれる中
当家に伝わる大金庫を
我が凌駕するのを待て
怪盗キッ
無駄《むだ》な抗《あらが》いは止《や》めて赤子《あかご》が如《ごと》く神妙《しんみょう》にし、月《つき》が闇《やみ》に呑《の》まれる中《なか》当家《とうけ》に伝《つた》わる大金庫《だいきんこ》を我《われ》が凌駕《りょうが》するのを待《ま》て
怪盗《かいとう》キッド」…とな!
大金庫《だいきんこ》ってまさか あの…
そうじゃ…幕末《ばくまつ》にその名《な》を轟《とどろ》かせたカラクリ師《し》・三水吉右衛門《さみずきちえもん》が死《し》ぬ間際《まぎわ》にこしらえたという、難攻不落《なんこうふらく》の大金庫《だいきんこ》…
鉄狸《てつたぬき》じゃよ!!
これがその予告状《よこくじょう》じゃ!!
パシャ
パシャ
パシャ
まぁ、彼奴《きやっ》は金庫《きんこ》の中身《なかみ》より金庫《きんこ》その物《もの》に興味《きょうみ》があるようじゃが…

3日後《かご》──
ええ!?
偽者《にせもの》かもしれない!?

予告状《よこくじょう》はニセモノ？ では、誰《だれ》の仕業《しわざ》なのか!?

今回《こんかい》の予告状《よこくじょう》はいつもとは文章《ぶんしょう》がちがっていて、描《えが》かれているキッドのイラストも別《べつ》のものだった。誰《だれ》か別人《べつじん》が、怪盗《かいとう》キッドの名《な》を騙《かた》っているのか!?

今回《こんかい》予告状《よこくじょう》を送《おく》って来《き》た怪盗《かいとう》キッドが!?
ええ…次郎吉《じろきち》おじ様《さま》はそう言《い》ってたわ！
送《おく》ってたでしょ？その予告状《よこくじょう》の写《しゃ》メ！
何《なん》か変《へん》じゃなかった？
え、ええ…確《たし》かにいつものイラストとは違《ちが》う感《かん》じがしたけど…
それに、いつも奴《やつ》の予告状《よこくじょう》は横書《よこが》き…縦書《たてが》きなんて初《はじ》めてだし…
文章自体《ぶんしょうじたい》も古《ふる》めかし過《す》ぎて妙《みょう》な感《かん》じが…

さっきはなかったカードが!!
何《なん》じゃとォ!?
予告通《よこくどお》り、月《つき》が闇《やみ》から顔《かお》を出《だ》す前《まえ》に…
狸《たぬき》の腹《はら》に入《はい》った大切《たいせつ》なお宝《たから》を…
頂《いただ》きに参《まい》りましょう…
怪盗キッド
か…
怪盗《かいとう》キッド…
予告通り
月が闇から顔を出す前に
狸の腹に入った大切なお宝を
頂きに参りましょう
怪盗キッド
こいつは本物《ほんもの》だ!!
しかし、どーやってこの部屋《へや》にカードを…
何《なん》で重量《じゅうりょう》センサーが動《うご》かなかったんだ…？
フン…

今度《こんど》は正真正銘《しょうしんしょうめい》の本物《ほんもの》!? 怪盗《かいとう》キッドの予告状《よこくじょう》が発見《はっけん》される!!

鉄壁《てっぺき》の防犯《ぼうはん》センサーが仕掛《しか》けられた大金庫《だいきんこ》・鉄狸《てつだぬき》がある部屋《へや》に、怪盗《かいとう》キッドからの新《あら》たな予告状《よこくじょう》が届《とど》いた。どうやら今度《こんど》の予告状《よこくじょう》は本物《ほんもの》らしい。怪盗《かいとう》キッドはどうやって鈴木邸《すずきてい》に侵入《しんにゅう》し、防犯《ぼうはん》センサーをかいくぐった!?

▶▶中森警部は怪盗キッドを逮捕するため、いつもどおり闘志を燃やす!!

2つの予告状の謎、コナンは文章に疑問を抱くが…

怪盗キッドからの予告状が届いたというのに、鈴木次郎吉の様子はいつもとちがっていた。そこには、何か特別な理由が？そして2つの予告状には、どんな意味が込められているのか!?

そもそも、その予告状を出したキッドの行動も不可解だ…

月が闇に呑まれ夜が当家に伝わる大金庫を神妙にし守るのを待て 怪盗キッド

あの古めかしい最初の予告状が警察をからかうための物だったとしても…

何で予告日当日になっていつも通りの予告状を新たに出さなきゃならなかったんだ？

予告通り月が闇から顔を出す前に龍の腹に入った大切なお宝を頂きに参りましょう 怪盗キッド

何《なに》イ!?
防犯装置《ぼうはんそうち》をいったん止《と》めるだと!?
これからキッドが来《く》るかもしれないのに!?
ああ、そうじゃ！金庫《きんこ》の中《なか》をチェックするのは毎日《まいにち》の日課《にっか》じゃからな！
まさかこいつ、キッドじゃないだろーな？
ガチャ
まあ2〜3分《ぷん》程度《ていど》で済《す》む！それまで決《けっ》して中《なか》を覗《のぞ》くでないぞ！
バタン
………
覗《のぞ》くなって言《い》われると…
そ〜っ
13
御遠慮《ごえんりょ》を！
ガッ
あ、やっぱり？
それと、静《しず》かにして頂《いただ》けますか？
相談役《そうだんやく》のお電話《でんわ》の邪魔《じゃま》になりますので…
で、電話《でんわ》？

怪盗《かいとう》キッド襲来《しゅうらい》に備《そな》える警察《けいさつ》！しかし次郎吉《じろきち》は防犯装置《ぼうはんそうち》を止《と》めた!?

最初《さい》《しょ》の予告状《よこくじょう》の文章《ぶんしょう》に暗号《あんごう》が!? コナンはその存在《そんざい》に気《き》づく!!

いつも中《なか》で誰《だれ》かと話《はな》されているんですよ!
ひょっとしたら独《ひと》り言《ごと》かもしれませんが…
まさか、金庫《きんこ》の開《あ》け方《かた》を忘《わす》れてしまって誰《だれ》かに聞《き》いてるんじゃ?
さあ…
………
最近《さいきん》、夕食《ゆうしょく》は部屋《へや》で1人《り》で食《た》べて…
なぜかその皿《さら》が2枚《まい》ずつ消《き》え…
その後《あと》の金庫室《きんこしつ》のチェックの際《さい》は、どういうわけか杖《つえ》を持参《じさん》し…
チェック中《ちゅう》は、誰《だれ》かと会話《かいわ》…
そして、あの奇妙《きみょう》な予告状《よこくじょう》…
召され
相談役
いは止めて
ま…
、神妙にし
闇に呑まれる中
に伝わる大金庫を
凌駕するのを待て
ッド
まさか!?

暗号《あんごう》ファイル9

言葉《ことば》遊《あそ》び・隠《かく》し題《だい》

有名《ゆうめい》な歌人《かじん》たちも「隠《かく》し題《だい》」を行《おこな》っていた

紀貫之《きのつらゆき》　在原業平《ありわらのなりひら》

五七五七七《ごしちごしちしち》の和歌《わか》にメッセージが隠《かく》されていた？

一見《いっけん》すると普通《ふつう》の文章《ぶんしょう》だけど、ある言葉《ことば》を同《おな》じ読《よ》み方《かた》でほかの言葉《ことば》に替《か》える——。こうした言葉遊《ことばあそ》びは日本《にほん》で古《ふる》くから親《した》しまれていて、みんなもなぞなぞやダジャレで遊《あそ》んだことがあるんじゃないかな。また、ある言葉《ことば》の文字《もじ》の間《あいだ》にほかの文字《もじ》をはさみ、暗号《あんごう》のような無意味《むいみ》な文章《ぶんしょう》を作《つく》る「はさみことば」も言葉遊《ことばあそ》びの一種《いっしゅ》だ。

このような言葉遊《ことばあそ》びは、実《じつ》は遠《とお》い昔《むかし》の奈良時代《ならじだい》や平安時代《へいあんじだい》の歌人《かじん》たちも行《おこな》っていた。それは「隠《かく》し題《だい》」と呼《よ》ばれる技法《ぎほう》で、歌《うた》の主題《しゅだい》や歌《うた》を送《おく》る相手《あいて》の名前《なまえ》を別《べつ》の文字《もじ》に読《よ》み替《か》えたり1文字《もじ》ずつ切《き》り離《はな》し、和歌《わか》の中《なか》に詠《よ》み込《こ》んでいたんだ。「うつせみ」という主題《しゅだい》を「浪《なみ》の打《う》つ　瀬見《せみ》れば玉《たま》ぞ…」と語呂《ごろ》合《あ》わせによって別《べつ》の文字《もじ》で表《あらわ》す「物名《もののな》」や、5文字《もじ》の主題《しゅだい》を五七五七七《ごしちごしちしち》の各句《かくく》の頭文字《かしらもじ》に用《もち》いてはさみことばのように配置《はいち》する「折句《おりく》」など、いろいろな方法《ほうほう》があるよ。

はさみことばの暗号《あんごう》

来たる6**月**
2人で会う**日**

→来月《らいげつ》2日《か》

小野小町《おののこまち》は和歌《わか》に暗号《あんごう》を仕組《しく》んで通信《つうしん》していた⁉

和歌《わか》における隠《かく》し題《だい》は、暗号《あんごう》というよりも言葉遊《ことばあそ》びの要素《ようそ》が強《つよ》いもの。しかし、なかには相手《あいて》に伝《つた》えたいメッセージを隠《かく》すという、暗号《あんごう》のように活用《かつよう》した人《ひと》もいたのではないかと考《かんが》えられているんだ。その人物《じんぶつ》は、『古今和歌集《こきんわかしゅう》』の代表的《だいひょうてき》な歌人《かじん》である小野小町《おののこまち》だ。

ある日《ひ》、小野小町《おののこまち》は「言《こと》の葉《は》も　常盤《ときわ》なるをば　頼《たの》まなむ　松《まつ》を見《み》よかし　経《へ》ては散《ち》るやは」という和歌《わか》を詠《よ》み、使《つか》いの者《もの》に持《も》たせて相手《あいて》に送《おく》った。この和歌《わか》は、それぞれの句《く》の頭文字《かしらもじ》をつなぎ合《あ》わせると「ことたまへ」となる折句《おりく》が用《もち》いられている。つまり「琴《こと》たまへ（琴《こと》をください）」とお願《ねが》いをしたように考《かんが》えられるね。

しばらくすると、小野小町《おののこまち》が和歌《わか》を送《おく》った相手《あいて》から、「言《こと》の葉《は》は　常懐《とこなつ》かしき　花折《はなお》ると　なべての人《ひと》に　知《し》らすなよゆめ」という返歌《へんか》が届《とど》いた。これも折句《おりく》になっていて、それぞれの句《く》の頭文字《かしらもじ》をつなぎ合《あ》わせると「ことはなし」。残念《ざんねん》ながら「琴《こと》は無《な》し」と断《ことわ》られてしまったようだ。本当《ほんとう》に小野小町《おののこまち》が琴《こと》を欲《ほ》しくてメッセージを送《おく》ったのか、そもそも意図的《いとてき》に作《つく》った折句《おりく》かどうか定《さだ》かではないけど、とてもユニークな和歌《わか》だね。

小野小町《おののこまち》は和歌《わか》で頼《たの》みごとをしていた

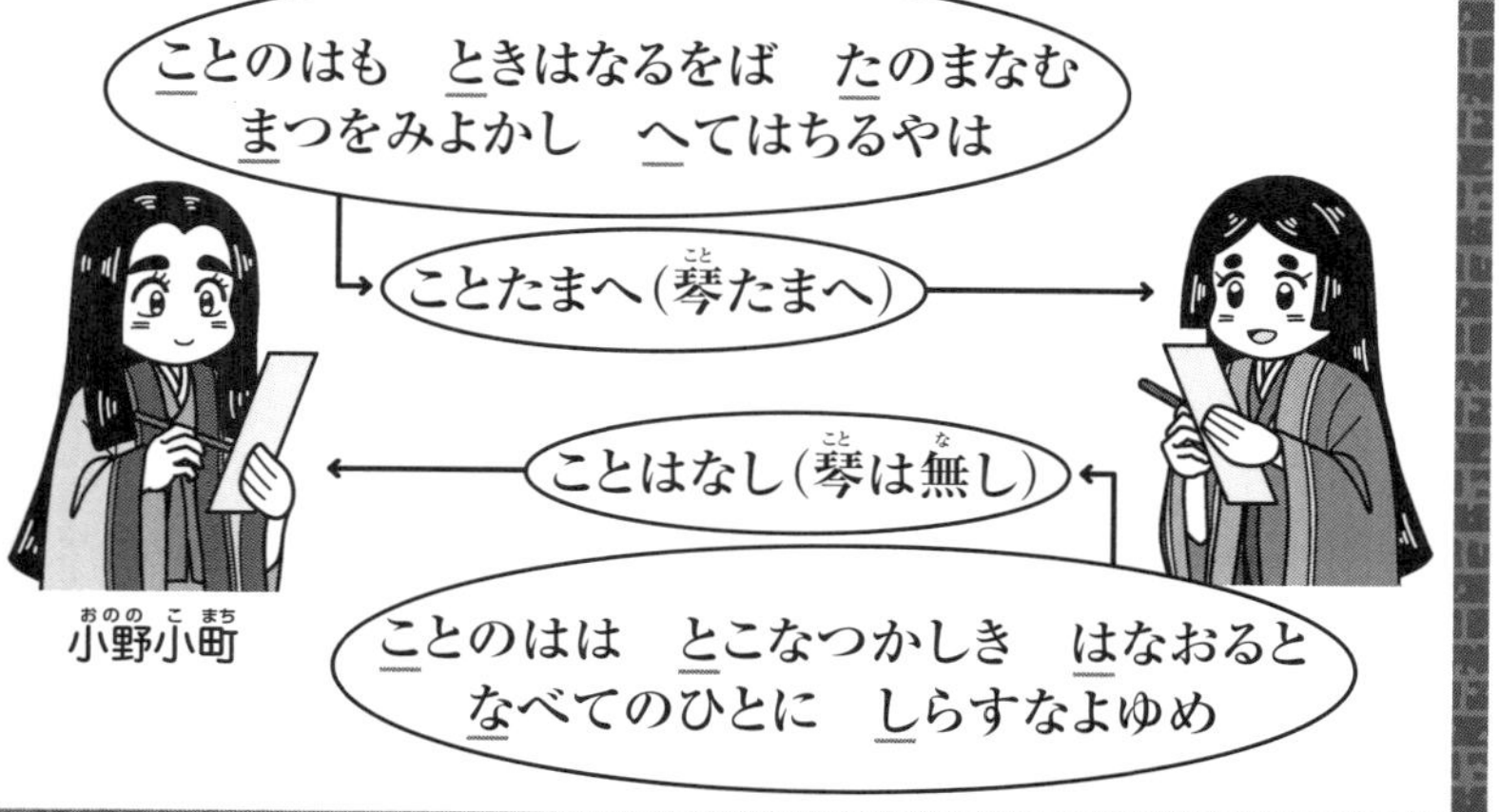

ことのはも　ときはなるをば　たのまなむ
まつをみよかし　へてはちるやは
ことたまへ（琴《こと》たまへ）
ことはなし（琴《こと》は無《な》し）
ことのはは　とこなつかしき　はなおると
なべてのひとに　しらすなよゆめ
小野小町《おののこまち》

いろは歌《うた》にはメッセージが隠《かく》されている？

あいうえお…の50音《おん》のうち、ヤ行《ぎょう》のイとエ、ワ行《ぎょう》のウ、それとンを除《のぞ》いた47文字《もじ》を1回《かい》ずつ使《つか》って作《つく》られている「いろは歌《うた》」。平安時代《へいあんじだい》に成立《せいりつ》したとされる作者不明《さくしゃふめい》の歌《うた》で、この世《よ》のはかなさと、幸《しあわ》せに生《い》きるための考《かんが》え方《かた》が表《あらわ》されている。とても美《うつく》しい歌《うた》だが、実《じつ》は驚《おどろ》きのメッセージが隠《かく》されているという説《せつ》がある。

この歌《うた》を左《ひだり》の表《ひょう》のように7字《じ》ずつに区切《くぎ》ってみよう。それぞれの末尾《まつび》の文字《もじ》をつなぐと「とかなくてしす」となるよね。この言葉《ことば》は「とが（咎《とが》）無《な》くて死《し》す」と解釈《かいしゃく》することもできる。咎《とが》とは「あやまち」や「罰《ばつ》されるべき罪《つみ》」を意味《いみ》し、「罪無《つみな》くて死《し》す＝罪《つみ》を犯《おか》さずに一生《いっしょう》を終《お》わる」ということ。つまり、無実《むじつ》の罪《つみ》を着《き》せられ死《し》を覚悟《かくご》した作者《さくしゃ》が、このまま人生《じんせい》を終《お》える悲《かな》しみをこめた歌《うた》とも考《かんが》えられるんだ。

いろは歌《うた》の末尾《まつび》に注目《ちゅうもく》!

い	ろ	は	に	ほ	へ	と
ち	り	ぬ	る	を	わ	か
よ	た	れ	そ	つ	ね	な
ら	む	う	ゐ	の	お	く
や	ま	け	ふ	こ	え	て
あ	さ	き	ゆ	め	み	し
ゑ	ひ	も	せ	す		

→とかなくてしす
（咎《とが》無《な》くて死《し》す）

流刑《るけい》の無念《むねん》を表現《ひょうげん》した？

末尾《まつび》の文字《もじ》をつなぐと「とかなくてしす」になることはすでに江戸時代《えどじだい》から指摘《してき》されていて、あくまでも偶然《ぐうぜん》という見方《みかた》が一般的《いっぱんてき》とされてきた。その一方《いっぽう》、こうしたメッセージの解釈《かいしゃく》を根拠《こんきょ》に、いろは歌《うた》の作者《さくしゃ》が推理《すいり》されている。たとえば、醍醐天皇《だいごてんのう》の第十皇子《だいじゅうおうじ》として生《う》まれて権力《けんりょく》を手《て》にしたものの、朝廷《ちょうてい》に謀反《むほん》を起《お》こした疑《うたが》いで太宰府《だざいふ》に流《なが》された源高明《みなもとのたかあきら》がその一人《ひとり》だ。ほかにも、無実《むじつ》の罪《つみ》で亡《な》くなったといわれるさまざまな人物《じんぶつ》が候補《こうほ》に挙《あ》がっているよ。

言葉《ことば》遊《あそ》びで暗号《あんごう》を作《つく》る
「アナグラム」

日本《にほん》の隠《かく》し題《だい》のような言葉《ことば》遊《あそ》びを活用《かつよう》した暗号《あんごう》として、ある言葉《ことば》の文字順《もじじゅん》を並《なら》び替《か》えることで別《べつ》の意味《いみ》の言葉《ことば》を作《つく》る「アナグラム」がある。その歴《れき》史《し》はかなり古《ふる》く、なんと古代《こだい》ギリシャやローマの時代《じだい》から存在《そんざい》し、特《とく》に中世《ちゅうせい》ヨーロッパでさかんに使《つか》われていたという。

文字数《もじすう》が少《すく》ない単語《たんご》のアナグラムは簡単《かんたん》に解読《かいどく》できるものが多《おお》いが、長《なが》い文章《ぶんしょう》になると文字数《もじすう》が多《おお》くなり、難易度《なんいど》がたちまち上《あ》がる。しかも、その文章《ぶんしょう》が自然《しぜん》なものだと暗号《あんごう》とは気《き》づきにくく、海外《かいがい》のミステリー小説《しょうせつ》でも暗号《あんごう》のトリックとしてたびたび使《つか》われているよ。

文字《もじ》を並《なら》び替《か》えると異《こと》なる意味《いみ》に！

あるひ → あひる

コイン → インコ

KYOTO → TOKYO

アナグラムを解読《かいどく》せよ！

❶ぎょうじ　❷おきもの

❸きょうとう　❹こうしんだ

❺おとこがきえる　❻どいとうかつき

[答《こた》え]❶じょうぎ❷ものおき❸とうきょう❹だんしこう❺おとがきこえる❻かいとうきっど

暗号《あんごう》博士《はかせ》<上級編《じょうきゅうへん》02>

「ライオンの落《お》とし物《もの》」

ストラップに残《のこ》っていたのは
血《ち》の跡《あと》のアルファベット!?
コミックス32巻《かん》に収録《しゅうろく》!!!
名探偵コナン
32

大《だい》盛《せい》況《きょう》のアニマルショーを観《み》に来《き》たコナンたち少《しょう》年《ねん》探《たん》偵《てい》団《だん》と阿《あ》笠《がさ》博《はか》士《せ》!!

すっげー面白《おもしろ》かったなー!!

動物《どうぶつ》さん達《たち》かわいかったー!

特《とく》にホワイトライオンのレオンの妙技《みょうぎ》は絶品《ぜっぴん》でしたね!

レオンはショーのメインアニマルじゃからのォ!

レオンはストラップにもなってるしね!

いーですねそれ!

ショーが始《はじ》まる前《まえ》に売店《ばいてん》で灰原《はいばら》さんと一緒《いっしょ》に買《か》ったんだよ!

ね!

へぇ――…オメーもそーいうのに興味《きょうみ》あんだ?

あら、毎日《まいにち》飽《あ》きもせず血生臭《ちなまぐさ》いミステリーばかり読《よ》みあさってる誰《だれ》かさんの趣味《しゅみ》よりは、よっぽどマシだと思《おも》うけど?

ほっとけ…

ん?

ザワ
ザワ

ショーの主役《しゅやく》・ホワイトライオンのストラップを購入《こうにゅう》し大満足《だいまんぞく》の一行《いっこう》!!

記者《きしゃ》に囲《かこ》まれているのはショーのスポンサーのランディ・ホークさん…!?

ガヤ
ガヤ
誰《だれ》だ？あの囲《かこ》まれてるおっさん…
ああ…アニマルショーのスポンサーのランディ・ホークさんじゃよ！

へー…!!
ホークさん一言《ひとこと》コメントを!!
ホークさん!!
ち、違《ちが》う…
ガヤ
ガヤ

私《わし》、ホークじゃありません…
またまたー御冗談《ごじょうだん》を…

アニマルショーを観《み》た帰《かえ》り道《みち》、コナンたちは記者《きしゃ》に囲《かこ》まれている男《だん》性《せい》に遭遇《そうぐう》。みんなが彼《かれ》のことをショーのスポンサーのホークさんだと信《しん》じて話《はなし》を聞《き》こうとするが、本《ほん》人《にん》は人《ひと》ちがいだと否定《ひてい》し続《つづ》ける。

ショーの収益《しゅうえき》の半分《はんぶん》を世界中《せかいじゅう》の動物園《どうぶつえん》に寄付《きふ》されてる話《はなし》は本当《ほんとう》ですか？
三年振《さんねんぶ》りの日本《にっぽん》の感想《かんそう》は!?
何《なに》か言《い》ってくださいよホークさん!!
ホークさん!?
Can you《カン ユー》 give me a break!?《ギブ ミー ア ブレイク》
(もう、いい加減《かげん》にしてくれないか!?)

人《ひと》ちがいだと気《き》づいたコナンは知《し》り合《あ》いのふりでおじさんを救出《きゅうしゅつ》!!

記者《きしゃ》に取《と》り囲《かこ》まれている男性《だんせい》がホークさんではないと見抜《みぬ》いたコナンは、彼《かれ》を助《たす》けるために話《はな》しかける。男性《だんせい》はやはりホークさんでなく、ホワイトライオンのストラップを手《て》に入《い》れるために会場《かいじょう》を訪《おとず》れていた。

あ、いたいたトーマスおじさん！
え？
トーマス？この人《ひと》ホークさんじゃないのか？
ええ…あそこにいる私《わたし》のおじいちゃんの友達《ともだち》で英語《えいご》の先生《せんせい》やってるの！
？
ホラ早《はや》く行《い》こトーマスおじちゃん！
みんなでお昼《ひる》食《た》べる約束《やくそく》でしたよね？
？
？
サンキューベリィマッチ！
ボウヤ達《たち》のおかげで助《たす》かりました!!
どーしてもこれが欲《ほ》しくてね♡
だから日本《にっぽん》に来《き》たんです！
The Animal show with Paul &

コナンはおじさんの英語《えいご》の発音《はつおん》から人《ひと》ちがいであることを見抜《みぬ》いた!!

おじさん、Can《キャン》の事《こと》Can《カン》って発音《はつおん》してたでしょ?
あれはクイーンズイングリッシュ!
家《いえ》が代々《だいだい》カウボーイで生粋《きっすい》の南部《なんぶ》の男《おとこ》が英国《イギリス》なまりで話《はな》すのはちょっと不自然《ふしぜん》かなーって思《おも》ったんだよ!

How perceptive of you!
(素晴《すば》らしい! 見事《みごと》な推理力《すいりりょく》だ!!)

まあ、日本《にっぽん》の記者《きしゃ》が間違《まちが》えるのも無理《むり》ないよ…
外国人《がいこくじん》が日本人《にっぽんじん》の顔《かお》を見分《みわ》けにくいように、日本人《にっぽんじん》も外国人《がいこくじん》を髪《かみ》や肌《はだ》の色《いろ》が似《に》てるだけで間違《まちが》えたりするから…
Oh《オー》――!

アニマルショーのスポンサーのホークさんは、アメリカ南部《なんぶ》出身《しゅっしん》で南部訛《なんぶなま》りの英語《えいご》を話《はな》すはず。ところが、おじさんの言葉《ことば》はイギリス訛《なま》りの英語《えいご》だった。それを聞《き》いたコナンは、すぐに別人《べつじん》だと気《き》づいたぞ。

江戸川《えどがわ》コナン…
探偵《たんてい》さ!

江戸川《えどがわ》…
コナン?

▲▶探偵《たんてい》を名乗《なの》ったコナンに興味《きょうみ》を示《しめ》したおじさんは、自分《じぶん》はジェイムズ・ブラックだと名乗《なの》る。

ジェイムズが謎《なぞ》の男《おとこ》たちに連《つ》れ去《さ》られた!?

コナンたちと食事《しょくじ》の約束《やくそく》をしたジェイムズさんだが、警察《けいさつ》を名乗《なの》る男《おとこ》たちに取《と》り囲《かこ》まれ連《つ》れ去《さ》られてしまう。彼《かれ》らの正体《しょうたい》は警察《けいさつ》ではなく、身代金目的《みのしろきんもくてき》の誘拐《ゆうかい》なのか…!?

立《た》ち話《ばなし》もなんですから路地《ろじ》の向《む》こうのパトカーまで…
よろしいですか?
Ah《オー》〜…

乗《の》れ…
ジャカ

ち、違《ちが》う!!私《わたし》は…
かわいい動物《どうぶつ》どもにムチ打《う》って貯《た》め込《こ》んだ金《かね》…少《すこ》しわけてもらうぜ…

ジェイムズの身《み》に異変《いへん》があったとコナンは気《き》づく…

集合場所《しゅうごうばしょ》に現《あらわ》れないジェイムズさんを捜《さが》すコナンたちは、ジェイムズさんの車《くるま》を発見《はっけん》。さらにジェイムズさんが落《お》としたストラップも見《み》つけた!!

おい、もしかしてあの外国人《がいこくじん》オレ達《たち》の事忘《ことわす》れて友達《ともだち》とどっかに行《い》っちまったんじゃねーのか?
うそ〜…
いや…忘《わす》れちゃいねーよ…多分《たぶん》ジェイムズさん、何《なに》かの事件《じけん》に巻《ま》き込《こ》まれたんだ…
え?

見《み》ろよこのストラップ!
P《ピー》と&《アンド》とA《エー》が血《ち》できれいに塗《ぬ》りつぶされているだろ?
きっと後《あと》で自分《じぶん》を捜《さが》しに来《く》るオレ達《たち》に、何《なに》かを伝《つた》えようとしたかもしれねーよな?
al show with Paul & Annie
ええっ!?
た、大変《たいへん》です!早《はや》く警察《けいさつ》に知《し》らせないと…
けど何《なん》だ?
何《なん》なんだP&A《ピーアンドエー》って…

ジェイムズさんがストラップで残《のこ》したメッセージ

血《ち》で塗《ぬ》りつぶした

「P《ピー》」「&《アンド》」「A《エー》」

この「暗号《あんごう》」はいったい何《なに》を意味《いみ》しているのか?
キミも考《かんが》えてみよう!

「P《ピー》&《アンド》A《エー》」の意味《いみ》を考《かんが》えるが、答《こた》えはなかなか見《み》つからず…

ジェイムズさんは、ストラップの「P《ピー》・&《アンド》・A《エー》」の文字《もじ》に自分《じぶん》の血《ち》で印《しるし》を残《のこ》していた。しかし、コナンたちにはその意味《いみ》が分《わ》からず、結局《けっきょく》手分《てわ》けして捜《さが》すことに。早《はや》く捜《さが》し出《だ》さないと、ジェイムズさんの身《み》に危険《きけん》が及《およ》ぶかもしれない。

くそ…せめてP&A《ピーアンドエー》の意味《いみ》がわかれば…
P《ピー》とA《エー》で「パ」じゃが…
……

ひょっとして「パ」がつくお店《みせ》の事《こと》じゃない？ホラ、パン屋《や》さんとか！

いや…

切羽詰《せっぱつ》まった状況《じょうきょう》で「パ」と伝《つた》えたいのなら、Paul《ポール》の「Pa《パ》」に血《ち》の印《しるし》をつけるはずだ…

Paul & Annie
with Paul
あの暗号《あんごう》は「P《ピー》」と「A《エー》」で分《わ》けて考《かんが》えた方《ほう》がいい…

P《ピー》とA《エー》 P《ピー》とA《エー》…

ピンクと赤色《あかいろ》…

プロレスとあんまん…

パソコンとアクセス…

ピストルと暗殺者《アサシン》…

オメー他《ほか》に思《おも》いつかねーのか？

あ、もしかしてParking《パーキング》Area《エリア》の事《こと》じゃないでしょうか!!

おお、駐車場《ちゅうしゃじょう》か!!

歩美《あゆみ》の探偵《たんてい》バッジを持《も》ったジェイムズ 居場所《いばしょ》を犯人追跡《はんにんついせき》メガネで探索《たんさく》!!

ジェイムズさんの現在位置《げんざいいち》をつかんだコナンは、高木刑事《たかぎけいじ》に検問《けんもん》を敷《し》いてくれと頼《たの》むが…。

もしかしたらジェイムズさん、わたしのバッジまだ持《も》ってるかも!
ええ!?
ピポ
…だとしたら、バッジに内蔵《ないぞう》された発信機《はっしんき》で…
現在《げんざい》位置《いち》が…

いたぜ!ここから北北西《ほくほくせい》16キロ…
堤無津川《ていむずがわ》に沿《そ》って生茂街道《いくもかいどう》を北上《ほくじょう》してる…
このスピードは車《くるま》だな…

ええっ!?
生茂街道《いくもかいどう》の埼玉《さいたま》との県境《けんざかい》に検問《けんもん》を張《は》ってくれ!?
無理《むり》だよコナン君《くん》!そんな不確《ふたし》かな情報《じょうほう》で検問《けんもん》なんて…
でもその外国人《がいこくじん》殺《ころ》されちゃうかもしれないんだよ!
……

あ、コナン君《くん》?
今《いま》、丁度《ちょうど》その辺《あた》りで交通事故《こうつうじこ》があって由美《ゆみ》が交通整理《こうつうせいり》やってるから、不審車《ふしんしゃ》の確認《かくにん》ぐらいなら頼《たの》んであげてもいいわよ!!

◀▲高木刑事《たかぎけいじ》は乗《の》り気《き》ではなかったが、佐藤刑事《さとうけいじ》のおかげで検問《けんもん》を敷《し》いてもらえることに。

えーっと外国人《がいこくじん》…
外国人《がいこくじん》と…
あ、ちょっと…

◀▲由美《ゆみ》さんは犯人《はんにん》と遭遇《そうぐう》するが、警察《けいさつ》のふりをした姿《すがた》に疑《うたが》いを持《も》つことなく検問《けんもん》を通《とお》してしまった。

え？
悪《わる》いが先《さき》に通《とお》らせてくれないか？

日《ひ》が暮《く》れるまでにこいつの現場検証《げんばけんしょう》済《す》ませなきゃいけないんですよ…
あら、ご苦労《くろう》さま…

検問《けんもん》をすり抜《ぬ》けた犯人一行《はんにんいっこう》！コナンは再《ふたた》び「P&A《ピーアンドエー》」の謎《なぞ》に挑《いど》むが…

ええっ、いなかった!?
ピー
ピッ
ピッ

でもなぜだ？
どうやってここをすり抜《ぬ》けたっていうんだ!?

やはりP&A《ピーアンドエー》を解《と》かねばならんようじゃのォ…
それってひょっとしてその車《くるま》の行《い》き先《さき》を示《しめ》してるんじゃないの？

コナンの希望通《きぼうどお》り検問《けんもん》が敷《し》かれた。しかし、警察《けいさつ》に偽装《ぎそう》していた犯人《はんにん》たちは、検問《けんもん》をすり抜《ぬ》けてしまう。ジェイムズさんを助《たす》け出《だ》すためには、やはり「P&A《ピーアンドエー》」の謎《なぞ》を解《と》く必要《ひつよう》がある!?

歩美《あゆみ》のふとした言葉《ことば》から コナンは「暗号《あんごう》」の答《こた》えを導《みちび》き出《だ》す!!

じゃあさ じゃあさ！
ペリカンとアシカで動物園《どうぶつえん》は!?
ホラ、ジェイムズさん動物《どうぶつ》好《ず》きだし！
違《ちが》いますよ！動物園《どうぶつえん》ならアニマルショーの文字《もじ》に血《ち》をつけるはずですから…
………
そうか…
そういう事《こと》か…
わかったんだよ、ジェイムズさんの居場所《いばしょ》がな!!

歩美《あゆみ》ちゃんが発《はっ》した何気《なにげ》ないひと言《こと》。そこからヒントを得《え》たコナンは、ジェイムズさんの居場所《いばしょ》を特定《とくてい》。事件解決《じけんかいけつ》への大《おお》きな一歩《いっぽ》を踏《ふ》み出《だ》した。

暗号《あんごう》ファイル10

モールス通信《つうしん》の略符号《りゃくふごう》

なぜ略符号《りゃくふごう》を使《つか》うのか？

打電《だでん》の回数《かいすう》が多《おお》いと大変《たいへん》

打電《だでん》の回数《かいすう》が少《すく》なくなる

メッセージを短《みじか》く略《りゃく》したら相手《あいて》に早《はや》く送《おく》ることができる！

モールス通信《つうしん》では、アルファベットや数字《すうじ》に1つずつ独自《どくじ》の符号《ふごう》が定《さだ》められていて、通信士《つうしんし》はスイッチを上《じょう》下《げ》に押《お》し下《さ》げて1文字《もじ》ごとに打電《だでん》している。さらにこのモールス符号《ふごう》には、よく使《つか》われる単語《たんご》やメッセージを短《みじか》く略《りゃく》した「略符号《りゃくふごう》」と「Q《キュー》符号《ふごう》」があるんだ。でも、どうしてわざわざ略号《りゃくごう》を作《つく》ったんだろう？

モールス符号《ふごう》は、スイッチを短《みじか》く押《お》す「短点《たんてん》」と長《なが》く押《お》す「長点《ちょうてん》」を組《く》み合《あ》わせて表現《ひょうげん》するようになっていて、たとえば「C《シー》」は長点《ちょうてん》を2回《かい》、短点《たんてん》を2回《かい》打《う》つ必要《ひつよう》がある。1文字《もじ》だけでもこんなにスイッチを押《お》す回数《かいすう》があるのに、メッセージが長《なが》いと大変《たいへん》。それに、スイッチを押《お》す回数《かいすう》が多《おお》いと通信《つうしん》を終《お》えるまでに時間《じかん》がかかり、事故《じこ》など緊急事態《きんきゅうじたい》が起《お》きてすぐにメッセージを知《し》らせたくても早《はや》く送《おく》ることができなくて困《こま》るよね。

そこで考《かんが》え出《だ》されたのが略符号《りゃくふごう》とQ《キュー》符号《ふごう》。文章《ぶんしょう》にすると長《なが》くなるメッセージを2～3文字程度《もじていど》のアルファベットに略《りゃく》している。覚《おぼ》えるのは大変《たいへん》だけど、これらの略号《りゃくごう》をうまく使《つか》いこなすことで、効率《こうりつ》のよい通信《つうしん》を行《おこな》うことが可能《かのう》になるんだ。

タイタニック号《ごう》が発《はっ》した有名《ゆうめい》なモールス信号《しんごう》は？

1912年《ねん》、イギリスからニューヨークへ向《む》かっていた豪華客船《ごうかきゃくせん》タイタニック号《ごう》は氷山《ひょうざん》に衝突《しょうとつ》し、その衝撃《しょうげき》によって船体《せんたい》が割《わ》れてしまった。そのとき、無線通信士《むせんつうしんし》はほかの無線局《むせんきょく》へ「SOS《エスオーエス》」という遭難信号《そうなんしんごう》を送《おく》ったが、間《ま》もなくタイタニック号《ごう》は沈没《ちんぼつ》してしまったんだ。

SOS《エスオーエス》は「Save《セーブ》 Our《アワー》 Ship《シップ》(私《わたし》たちの船《ふね》を助《たす》けて)」という言葉《ことば》の頭文字《かしらもじ》を並《なら》べた略語《りゃくご》という説《せつ》があるが、実《じつ》は特定《とくてい》の文章《ぶんしょう》に由来《ゆらい》するものではない。S《エス》とO《オー》のモールス符号《ふごう》が覚《おぼ》えやすくて打《う》ちやすいからなんだ。でも、伝《つた》えたいメッセージを短《みじか》い打電《だでん》で素早《すばや》く送《おく》れるという意味《いみ》では、略符号《りゃくふごう》と同《おな》じ効果《こうか》があると言《い》えるね。

なお、現在《げんざい》は衛星通信《えいせいつうしん》などを利用《りよう》した海上遭難《かいじょうそうなん》信号《しんごう》システムが一般的《いっぱんてき》で、船舶《せんぱく》からモールス信号《しんごう》でSOS《エスオーエス》を打電《だでん》することはなくなったよ。

SOS《エスオーエス》が遭難信号《そうなんしんごう》として使《つか》われた理由《りゆう》は？

・・・ ーーー ・・・

S O S

分《わ》かりやすくて打《う》ちやすいから

タイタニック号《ごう》の遭難信号《そうなんしんごう》で有名《ゆうめい》に!
S・O・S

おもな略《りゃく》符《ふ》号《ごう》とQ《キュー》符《ふ》号《ごう》

略《りゃく》符《ふ》号《ごう》（よく使《つか》う単《たん》語《ご》や文《ぶん》章《しょう》を短《みじか》くしたもの）

略《りゃく》符《ふ》号《ごう》	原《げん》　文《ぶん》	意《い》　味《み》
ABT	About	だいたい、約《やく》
AGN	Again	もう一《いち》度《ど》
C	Yes / Correct	イエス
CU	See you	それじゃあ、またね
GM	Good morning	おはよう
K	Invitation to Transmit	送《そう》信《しん》してください
NW	Now	今《いま》
PSE	Please	どうぞ、お願《ねが》いします

Q《キュー》符《ふ》号《ごう》（Q《キュー》で始《はじ》まる3文《も》字《じ》の略《りゃく》記《き》号《ごう》）

Q《キュー》符《ふ》号《ごう》	意《い》　味《み》
QRA	そちらの局《きょく》名《めい》は何《なん》ですか?
QRL	そちらは通《つう》信《しん》中《ちゅう》ですか?
QRT	こちらは送《そう》信《しん》を中《ちゅう》止《し》しましょうか?
QRZ	誰《だれ》がこちらを呼《よ》んでいますか?
QSA	こちらの信《しん》号《ごう》の強《つよ》さはどうですか?
QTH	緯《い》度《ど》・経《けい》度《ど》で示《しめ》すそちらの位《い》置《ち》は?

モールス信号《しんごう》だけじゃない！英語《えいご》のメッセージは略語《りゃくご》が当《あ》たり前《まえ》

英語《えいご》の文章《ぶんしょう》で「OMG《オーエムジー》」「CU《シーユー》」など暗号《あんごう》のような文《も》字《じ》が使《つか》われているのを見《み》たことがあるかな？　これは、文《も》字《じ》の入力《にゅうりょく》と読《よ》み取《と》りを早《はや》く行《おこな》うために、長《なが》いフレーズを短《みじか》くした略語《りゃくご》なんだ。主《おも》に、SNS《エスエヌエス》、メール、テキストメッセージ、チャットで用《もち》いられることが多《おお》い。英語《えいご》を話《はな》す人《ひと》たちの間《あいだ》で広《ひろ》く定着《ていちゃく》しているので、コミュニケーションを取《と》る機会《きかい》がある人《ひと》は知《し》っておくと便利《べんり》だよ。

ただし、こうした略語《りゃくご》は正式《せいしき》な用法《ようほう》ではないスラング(俗語《ぞくご》)で、あくまで親《した》しい人同士《ひとどうし》の間《あいだ》だけで使《つか》うもの。あまり親《した》しくない人《ひと》や目上《めうえ》の人《ひと》には使《つか》わないよう注意《ちゅうい》しようね。

略語《りゃくご》を使《つか》うと
入力《にゅうりょく》も読《よ》み取《と》りも
早《はや》い

知《し》っておくと便利《べんり》！英語《えいご》の略語《りゃくご》

略《りゃく》語《ご》	意《い》味《み》
ASAP	as soon as possible（できるだけ早《はや》く）
B/C	because（なぜなら）
CU	see you（またね）
JK	just kidding（冗談《じょうだん》だよ）

略《りゃく》語《ご》	意《い》味《み》
LOL	laugh out loud（大《おお》きな笑《わら》い声《ごえ》の意味《いみ》）
OMG	oh my god（なんてこった!）
THX	thanks（ありがとう）
GN	good night（おやすみ）

暗号博士《あんごうはかせ》<上級編《じょうきゅうへん》03>

「スキュタレー暗号《あんごう》」

事件現場《じけんげんば》に残《のこ》された

ヒモに謎《なぞ》の文字《もじ》!?

コミックス
91巻《かん》に収録《しゅうろく》!!!
名探偵コナン 91
青山剛昌

今日《きょう》からこのクラスの副担任《ふくたんにん》になった…
若狭先生《わかさせんせい》です!
あ、あの…若狭留美《わかさるみ》です…
こ、小林先生《こばやしせんせい》より10歳《さい》もオバサンですけど…
若狭留美《わかさるみ》(37)
1年B組《ねんビーぐみ》 副担任《ふくたんにん》
ど…
どうぞヨロシク…
ガン
ワハハハハハ…
この時期《じき》に副担任《ふくたんにん》なんて珍《めずら》しいな…
このクラス、私《わたし》やあなたのような転入生《てんにゅうせい》が多《おお》くて人数《にんずう》が増《ふ》えたからなんじゃない?
なるほどね…

コナンたちのクラスに新《あたら》しい副担任《ふくたんにん》・若狭先生《わかさせんせい》が赴任《ふにん》!!

コナンたち少年《しょうねん》探偵《たんてい》団《だん》のメンバーに若狭先生《わかさせんせい》から頼《たの》み事《ごと》が……!?

クラスの新《あら》たな副担任《ふくたんにん》としてやってきた若狭先生《わかさせんせい》から、昼休《ひるやす》みに頼《たの》み事《ごと》をされた少年探偵団《しょうねんたんていだん》のメンバーたち。先生《せんせい》は体育《たいいく》の授業《じゅぎょう》で使《つか》う石灰《せっかい》の置《お》き場所《ばしょ》が分《わ》からないらしい。みんなは先生《せんせい》を助《たす》けるため協力《きょうりょく》するが…。

え?
石灰《せっかい》?
何《なに》に使《つか》うの?
5時間目《じかんめ》の体育《たいいく》って…
校庭《こうてい》でドッジボールやるでしょ?
だから休《やす》み時間《じかん》にラインを引《ひ》こうと思《おも》ったんだけど…
ライン引《ひ》きの中《なか》の石灰《せっかい》がもうほとんど入《はい》ってなくて…
予備《よび》の石灰《せっかい》も…
倉庫《そうこ》になくて…
じゃあ、古《ふる》い倉庫《そうこ》に行《い》ってみれば?
もしかしたら余《あま》ってるヤツがあるかもしれないよ?

目当《めあ》ての石灰《せっかい》を探《さが》しに古《ふる》い倉庫《そうこ》にやってきた一行《いっこう》!!

石灰《せっかい》を取《と》るため、校舎外《こうしゃはず》れの古《ふる》い倉庫《そうこ》へやってきたコナンたちと若狭先生《わかさせんせい》。この倉庫《そうこ》はコナンが新一《しんいち》として学校《がっこう》に通《かよ》っていたころから、いわくつきの場所《ばしょ》らしい!?

ごめんねみんな…
お昼休《ひるやす》みなのに付《つ》き合《あ》わせちゃって…
でもホントにボロボロだな…
扉《とびら》に鍵《かぎ》も付《つ》いてませんねぇ…
んなモン10年前《ねんまえ》から付《つ》いてねぇよ…
どうして知《し》ってるの?
―って蘭姉《らんねえ》ちゃんが言《い》ってたよ?
どーでもいいけど早《はや》く取《と》り壊《こわ》しちゃえばいいのに…

古《ふる》い倉庫《そうこ》の地下室《ちかしつ》で白骨化《はっこつか》した死体《したい》を発見《はっけん》する!!

死体《したい》の右手《みぎて》にあったヒモには謎《なぞ》の文字《もじ》が書《か》かれていた!?

死体《したい》が持《も》っていたハチマキのようなヒモには、たくさんの漢字《かんじ》が書《か》かれていた。ヒモを手《て》に取《と》ったコナンは、過去《かこ》に似《に》たものを見《み》た記憶《きおく》をよみがえらせる。記《き》憶《おく》の中《なか》のヒモは、倉庫《そうこ》の中《なか》で眠《ねむ》る魔物《まもの》を封《ふう》じるものだと言《い》われていたが…。

ん? 右手《みぎて》に何《なに》か持《も》ってるな…
ヒモ?

運動会《うんどうかい》の時《とき》に巻《ま》く…
ハチマキ?

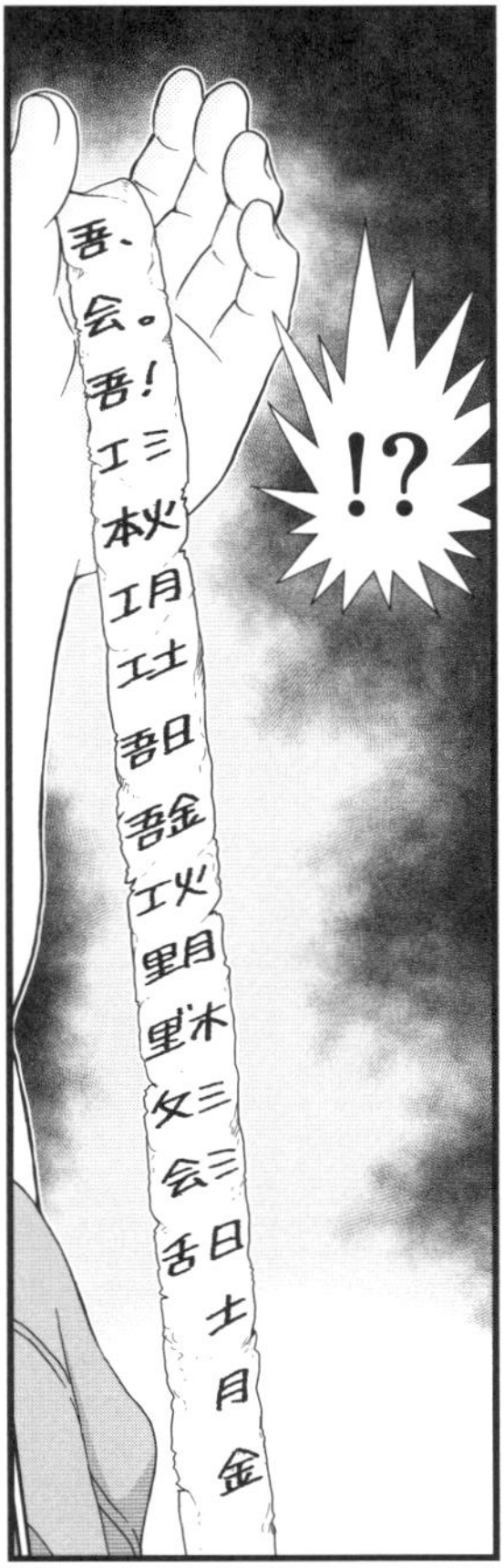
!?

帝丹小学校《ていたんしょうがっこう》で過去《かこ》にあった事件《じけん》とは!?

10年前《ねんまえ》、帝丹小学校《ていたんしょうがっこう》の近所《きんじょ》で強盗事件《ごうとうじけん》が発生《はっせい》。同《おな》じ日《ひ》に怪《あや》しい人物《じんぶつ》が学校《がっこう》に侵入《しんにゅう》したとの目撃情報《もくげきじょうほう》があった。警察《けいさつ》が学校《がっこう》を捜査《そうさ》したが何《なに》も見《み》つからず、事件《じけん》は迷宮入《めいきゅうい》りになっていたが…。

10年前《ねんまえ》に何《なに》かあったんですか?
この近所《きんじょ》に住《す》む資産家《しさんか》の家《いえ》に4人組《にんぐみ》の強盗《ごうとう》が入《はい》ってのォ…

家主《やぬし》の資産家《しさんか》を殺《ころ》し…
家《いえ》にあった2億円相当《おくえんそうとう》の金塊《きんかい》を奪《うば》って逃《に》げたそうなんじゃが…

ヒモに書《か》かれていた文字《もじ》はスキュタレー暗号《あんごう》と呼《よ》ばれるもの!?

スキュタレー暗号《あんごう》とは、棒《ぼう》に巻《ま》き付《つ》けたヒモに伝《つた》えたい文字《もじ》を書《か》き、棒《ぼう》から外《はず》した状態《じょうたい》では読《よ》めなくする方式《ほうしき》の暗号《あんごう》。死体《したい》の手《て》に握《にぎ》られていたヒモの文字《もじ》も、スキュタレー暗号《あんごう》だとコナンは推測《すいそく》するが…!?

でも残念《ざんねん》なのは警察《けいさつ》に持《も》って行《い》かれてしまったヒモの暗号《あんごう》です…
何《なん》て書《か》いてあったんだろうね?
呪《のろ》いの言葉《ことば》じゃね?
ああ あれは…

スキュタレー暗号《あんごう》だよ!

▲ヒモの文字《もじ》の秘密《ひみつ》をひと目《め》で見抜《みぬ》いた。

スキ…ヤキのタレ?
2500年《ねん》以上前《いじょうまえ》にスパルタの人達《ひとたち》が使《つか》ってた暗号《あんごう》でな…
チョキチョキ

まずこういう細長《ほそなが》い帯《おび》を作《つく》って…

丸《まる》い棒《ぼう》に巻《ま》き付《つ》けて文章《ぶんしょう》を書《か》く…
例《たと》えば「あゆみちゃんはいつもげんきでとてもやさしいおんなのこ♡」…

こんな感《かん》じに!
あゆみちゃんは

でも、棒《ぼう》からリボンを外《はず》すと…
何《なん》て書《か》いてあったか読《よ》めなくなるだろ?
だったらあのヒモの暗号《あんごう》も棒《ぼう》に巻《ま》いて読《よ》みたいですね!
何《なん》で警察《けいさつ》に渡《わた》したんだよ!?
大丈夫《だいじょうぶ》!携帯《けいたい》で撮《と》った画像《がぞう》を、今《いま》、灰原《はいばら》が職員室《しょくいんしつ》で…
ガラ
ハイ!授業《じゅぎょう》で使《つか》う漢字《かんじ》クイズって言《い》ってプリントアウトしてもらったわよ!
お、サンキュー!
多分《たぶん》、この暗号《あんごう》は…
倉庫《そうこ》の入《い》り口《ぐち》の取《と》っ手《て》に巻《ま》き付《つ》けて読《よ》む暗号《あんごう》だろうから…
チョキ
チョキ
これくらいの太《ふと》さのペンに巻《ま》き付《つ》ければ…
読《よ》めるはず…
クル クル
ん?

▲ヒモは携帯《けいたい》で撮《さつ》影《えい》済《ず》み。コナンに抜《ぬ》かりなしだ!!

▶ヒモを棒《ぼう》から外《はず》すと、意味《いみ》不明《ふめい》な文字《もじ》の羅列《られつ》になる。

ヒモに書《か》かれていた暗号《あんごう》を実際《じっさい》に読《よ》んでみると…!?

コナンは警察《けいさつ》に渡《わた》したヒモを写真《しゃしん》に撮《と》っていた。その写真《しゃしん》を灰原《はいばら》にプリントアウトしてもらい、さっそく棒《ぼう》に巻《ま》き付《つ》けてみるが、文字《もじ》の並《なら》び方《かた》が正《ただ》しくないようで読《よ》めない。コナンは棒《ぼう》の太《ふと》さを変《か》えるなどいろいろ試《ため》してみるが、やはり読《よ》めず…。

何《なん》なんだ？この暗号《あんごう》…
本当《ほんとう》にそれ…棒《ぼう》に巻《ま》く暗号《あんごう》なんでしょうか？

まあ、この暗号《あんごう》を解《と》くには別《べつ》の何《なに》かがいりそうだけど…
……
あ、若狭先生《わかさせんせい》！

解読《かいどく》できないスキュタレー暗号《あんごう》、そんなコナンの前《まえ》で若狭先生《わかさせんせい》が…

スキュタレー暗号《あんごう》の解読《かいどく》に苦戦《くせん》するコナン。その目《め》の前《まえ》で若狭先生《わかさせんせい》が、掲示板《けいじばん》に貼《は》られた時間割《じかんわ》り表《ひょう》を破《やぶ》ってしまう。それを見《み》たコナンは、死体《したい》が見《み》つかった倉庫《そうこ》にも、古《ふる》い時間割《じかんわ》り表《ひょう》が落《お》ちていたことを思《おも》い出《だ》し、ひらめきを得《え》る！

時間割《じかんわ》りが～～!!
書《か》き直《なお》せば大丈夫《だいじょうぶ》ですから！

そういえば歩美《あゆみ》ちゃん！
あの白骨死体《はっこつしたい》があった倉庫《そうこ》で時間割《じかんわ》り表《ひょう》拾《ひろ》ったよな？
うん！まだ持《も》ってるよ！

そうか…
そういう事《こと》か!!
月 火 水
国
算
社
理
図
体
学

コナンは時間割《じかんわ》り表《ひょう》から暗号解読《あんごうかいどく》のヒントを得《え》る!!

古《ふる》い時間割《じかんわ》り表《ひょう》は歩美《あゆみ》ちゃんが拾《ひろ》っていた。それを見《み》たコナンは暗号《あんごう》の解読法《かいどくほう》に気《き》づき、今回《こんかい》の死体《したい》と過去《かこ》に起《お》きた強盗事件《ごうとうじけん》との関連《かんれん》も解《と》き明《あ》かすぞ。

暗号《あんごう》ファイル11

スキュタレー暗号《あんごう》

でたらめに文字《もじ》が並《なら》んだひもを棒《ぼう》に巻《ま》くと…

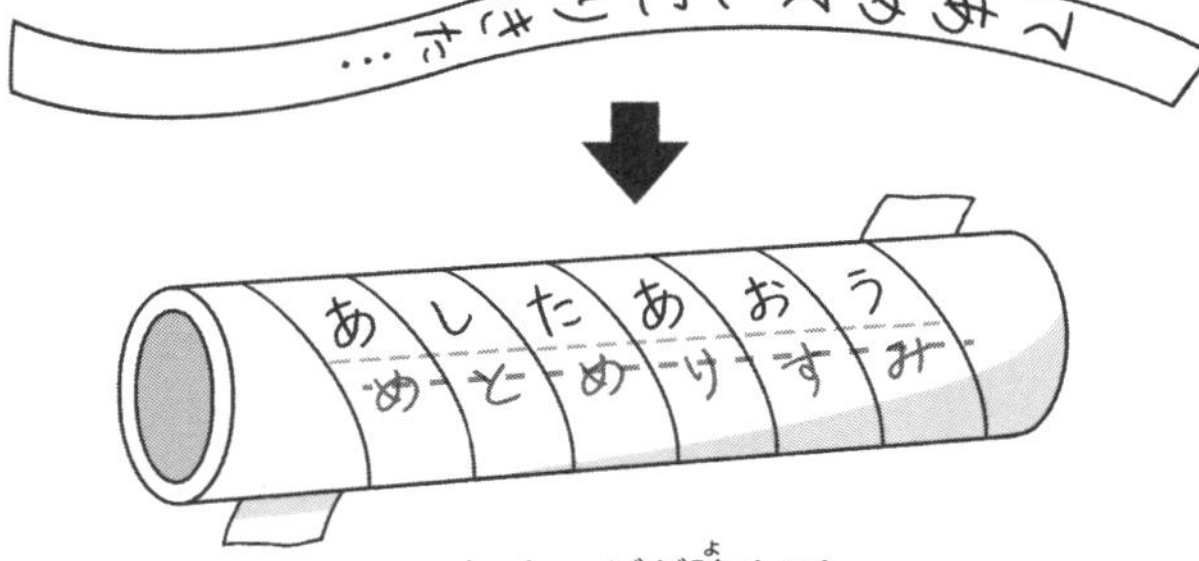

メッセージが読《よ》める!

ひもに書《か》かれた意味不明《いみふめい》な文章《ぶんしょう》でもそれを棒《ぼう》に巻《ま》くと…

まんがでコナンが解読《かいどく》しようとした「スキュタレー暗号《あんごう》」は、古代《こだい》ギリシャの都市国家《としこっか》スパルタで使《つか》われていた。細長《ほそなが》い革《かわ》ひもには一見《いっけん》でたらめな順番《じゅんばん》で書《か》かれた文字《もじ》が並《なら》んでいて、そのひもをスキュタレーという棒《ぼう》に巻《ま》きつけると、ちゃんと意味《いみ》のある言葉《ことば》になるんだ。もし敵《てき》がひもを奪《うば》っても、スキュタレーがないと解読《かいどく》することは難《むずか》しい。しかも、暗号文《あんごうぶん》の送《おく》り手《て》と受《う》け手《て》が同《おな》じ太《ふと》さのスキュタレーを持《も》っていないと、ひもを巻《ま》いた時《とき》に文字《もじ》の並《なら》び順《じゅん》がずれてしまい、暗号文《あんごうぶん》を復号《ふくごう》できないんだ。

スキュタレー暗号《あんごう》の注意点《ちゅういてん》

同《おな》じ太《ふと》さの棒《ぼう》を用意《ようい》しないと復号《ふくごう》できない!

スキュタレー暗《あん》号《ごう》文《ぶん》を作《つく》ってみよう!

用《よう》意《い》するもの

文《も》字《じ》を書《か》くひも(紙《かみ》)

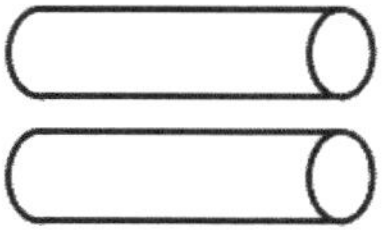

同《おな》じ太《ふと》さの棒《ぼう》2本《ほん》

❶ 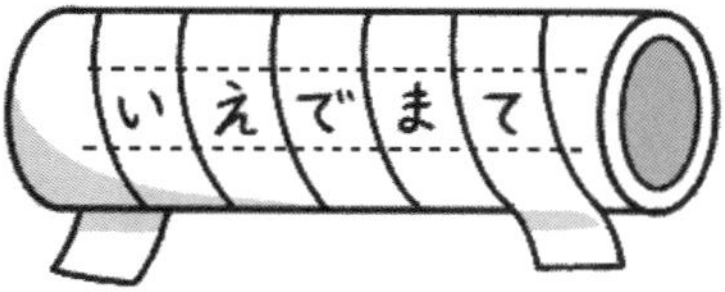

棒《ぼう》にひもを巻《ま》いて同《おな》じ列《れつ》にメッセージを書《か》く

❷ 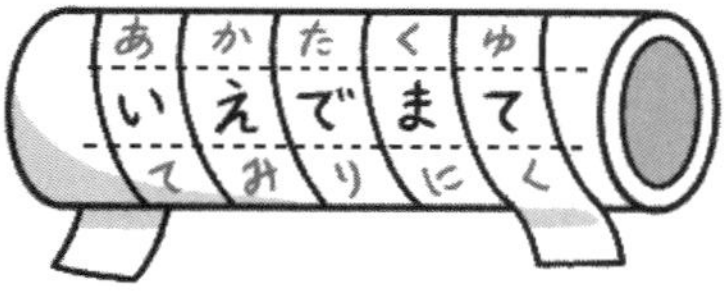

それ以《い》外《がい》の部《ぶ》分《ぶん》に無《む》関《かん》係《けい》な文《も》字《じ》を書《か》く

❸ 

ひもをほどくと意《い》味《み》不《ふ》明《めい》な暗《あん》号《ごう》文《ぶん》になる

文字《もじ》を上下《じょうげ》でジグザグに配置《はいち》すると メッセージが暗号文《あんごうぶん》になる!

スキュタレー暗号《あんごう》のように文章《ぶんしょう》の文字《もじ》を並《なら》べ替《か》えることで暗号化《あんごうか》する方法《ほうほう》を「転置式暗号《てんちしきあんごう》」という。ほかにも代表的《だいひょうてき》なものとして「レールフェンス(日本語《にほんご》で「横木《よこぎ》のさく」のこと)暗号《あんごう》」がある。

まずは上下《じょうげ》に平行《へいこう》に並《なら》んだ架空《かくう》のレールに、上《うえ》の段《だん》から下《した》の段《だん》へ、下《した》の段《だん》から上《うえ》の段《だん》へと交互《こうご》にメッセージを書《か》き、すべて書《か》き終《お》えたらレールごとにそれぞれ横《よこ》に文字《もじ》をつなげる。すると、本来《ほんらい》のメッセージの文字《もじ》順《じゅん》がばらばらになった暗号文《あんごうぶん》に変《か》わるんだ。レールの段数《だんすう》を多《おお》くするほど、暗号文《あんごうぶん》は複雑《ふくざつ》になるよ。

レールフェンス

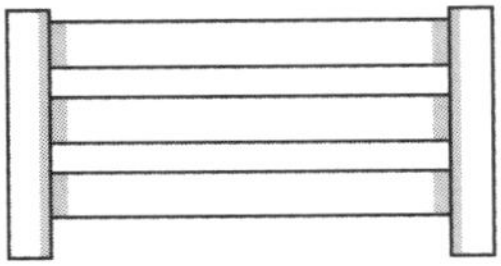

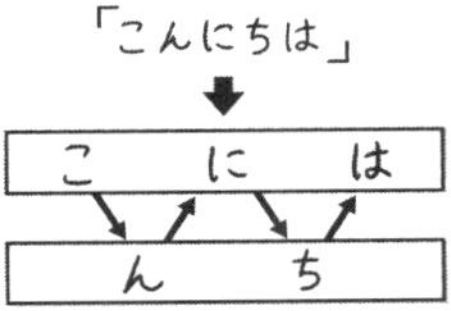

架空《かくう》のレールの上《うえ》に
メッセージを書《か》く

レールフェンス暗号文《あんごうぶん》の作《つく》り方《かた》

複数《ふくすう》の平行線《へいこうせん》にメッセージをジグザグに書《か》く

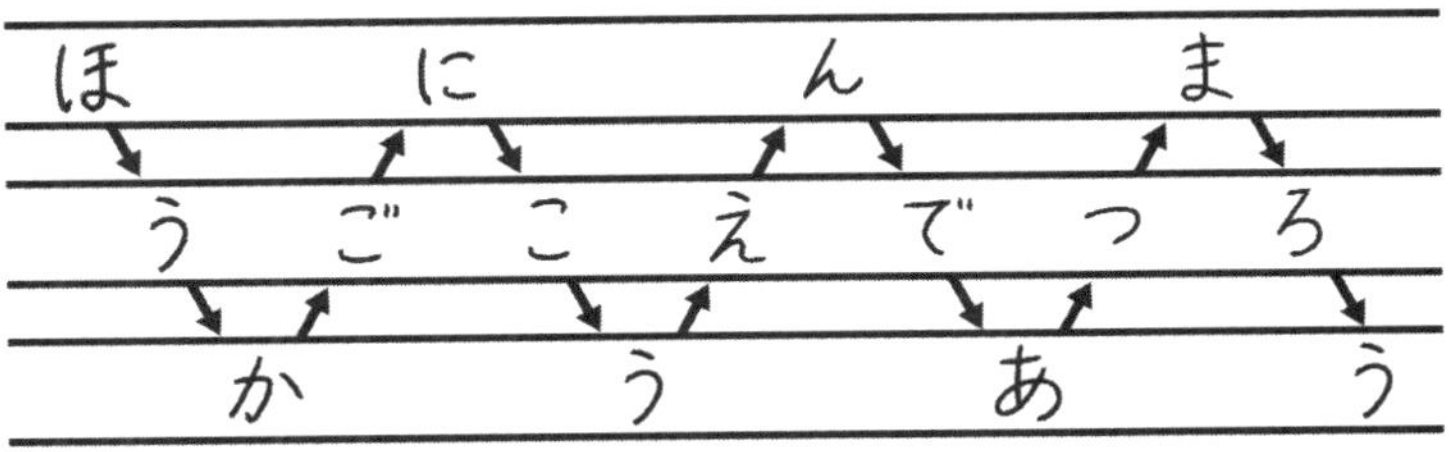

行《ぎょう》ごとに文字《もじ》をつなげ、上《うえ》から下《した》の行《ぎょう》へ続《つづ》ける

↓

暗号文《あんごうぶん》 ほにんまうごこえでつろかうあう

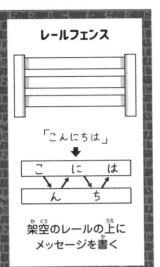

まるで迷路《めいろ》のような暗号《あんごう》…どの順番《じゅんばん》で読《よ》めばいい？

もう1つ、面白《おもしろ》い転置式暗号《てんちしきあんごう》を紹介《しょうかい》しよう。左《ひだり》の図《ず》のように四角形《しかっけい》のマス目《め》に文字《もじ》が並《なら》んでいると、普通《ふつう》なら一番右《いちばんみぎ》の行《ぎょう》の上《うえ》から縦《たて》に読《よ》んで、さらに左《ひだり》の行《ぎょう》へと順番《じゅんばん》に読《よ》んでいくよね。しかし、それでは文章《ぶんしょう》の意味《いみ》が通《つう》じない。実《じつ》はこれは、一定《いってい》の経路《けいろ》で順番《じゅんばん》に進《すす》まないとメッセージを読《よ》むことができない、迷路《めいろ》のような暗号《あんごう》になっているんだ。

このタイプの暗号《あんごう》は、読《よ》み進《すす》める経路《けいろ》を鍵《かぎ》にすることでメッセージの秘密《ひみつ》を守《まも》ることができる。すべての経路《けいろ》を一直線《いっちょくせん》にすると暗号文《あんごうぶん》が解読《かいどく》されやすいので、経路《けいろ》を複雑《ふくざつ》なジグザグにしたり、あるいは決《き》まった経路《けいろ》があることに気《き》づかれないよう、マス目《め》を使《つか》わず文字《もじ》だけを並《なら》べる場合《ばあい》もあるよ。

読《よ》む順番《じゅんばん》が隠《かく》された暗号文《あんごうぶん》

に	え	き	ま	え
じ	つ	て	い	の
ん	ま	ね	て	こ
さ	で	ん	え	う
ご	ご	の	す	あ

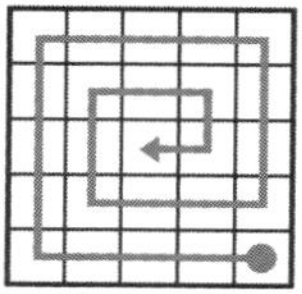

決《き》められた経路《けいろ》で読《よ》むと分《わ》かる

また、こうした暗号《あんごう》に関連《かんれん》したエピソードとして、奈《な》良時代《らじだい》の学者《がくしゃ》・吉備真備《きびのまきび》にまつわる伝説《でんせつ》がある。遣唐使《けんとうし》に任命《にんめい》されて唐《とう》へ渡《わた》った真備《まきび》は、ある日《ひ》、文字《もじ》の順番《じゅんばん》がバラバラな詩《し》を解読《かいどく》するように命《めい》じられた。読《よ》み方《かた》が分《わ》からず困《こま》っていたところ、天井《てんじょう》から小《ちい》さなくもが下《お》りてきて、詩《し》を記《しる》した紙《かみ》の上《うえ》でいきなり動《うご》き始《はじ》めた。その動《うご》きに規則性《きそくせい》があることに気《き》づいた真備《まきび》が、くもの通《とお》った順番《じゅんばん》に文字《もじ》を追《お》うと、詩《し》を解読《かいどく》できたそうだよ。

くもの通《とお》り道《みち》で解読《かいどく》

なるほど
そう読《よ》むのか！

暗号《あんごう》博士《はかせ》<上級編《じょうきゅうへん》04>

「手帳《てちょう》に遺《のこ》されたもの」

高木《たかぎ》刑事《けいじ》の先輩《せんぱい》が
手帳《てちょう》に遺《のこ》したメッセージ…

コミックス
101巻《かん》に収録《しゅうろく》
!!!
名探偵
コナン
101

高木刑事《たかぎけいじ》が使《つか》う手帳《てちょう》のページに今《いま》は亡《な》き先輩《せんぱい》が遺《のこ》した謎《なぞ》のメモ!?

連続強盗犯《れんぞくごうとうはん》確保《かくほ》っと…
挟《はさ》み撃《う》ちうまく行《い》きましたね!
パチパチパチパチ
パチパチパチパチ
スゲー!
ガチャ
つ、捕《つか》まえたんですか?
ええ!楽勝《らくしょう》よ!
タタ…
確保《かくほ》した時間《じかん》は午前《ごぜん》11時《じ》4分《ぷん》…
んじゃ被疑者《ひぎしゃ》を署《しょ》まで連行《れんこう》ヨロシク!
私《わたし》と高木君《たかぎくん》はお昼《ひる》食《た》べた後《あと》、RX-7で署《しょ》に向《む》かうから!
了解《りょうかい》です!
さっきの時間《じかん》、ちゃんとメモっといてね!
お昼《ひる》でお腹《なか》膨《ふく》れたら忘《わす》れちゃいそう…
あ——はいはい…
えーっと午前《ごぜん》11時《じ》4…
ん?
これ…
伊達《だて》さんの字《じ》…
「日曜《にちよう》高木《たかぎ》と」…?
これって確《たし》か…
日曜
高木と
8629396973204
06906650511195
881121128842
324447144##

伊達《だて》刑事《けいじ》が遺《のこ》したメモに書《か》かれた数字《すうじ》の羅列《られつ》にどんな意味《いみ》が!?

高木《たかぎ》刑事《けいじ》の先輩《せんぱい》・伊達《だて》刑事《けいじ》。今《いま》は亡《な》き彼《かれ》が遺《のこ》した手帳《てちょう》を見《み》た佐藤《さとう》刑事《けいじ》は、その中《なか》に大量《たいりょう》の数字《すうじ》や記《き》号《ごう》が並《なら》んだメモ書《が》きを見《み》つけ疑問《ぎもん》に思《おも》うが…。

まーだ使《つか》ってるのね!伊達《だて》さんの手帳《てちょう》…
で?そのメモって?
ホラこの…「日曜高木《にちようたかぎ》と」ってヤツ…
——っていうかそのメモよりも…
日曜高木と
*2*2 5242851388629396973204
6404122142851390690665051195
88714504220401881121128842
8513 5423 41128843 24447144 ##
その下《した》に書《か》き込《こ》んである数字《すうじ》や記号《きごう》の羅列《られつ》の方《ほう》が気《き》になるんだけど…

「*」から始《はじ》まって「#」で終《お》わる暗号《あんごう》…?
伊達《だて》さんに何《なに》か聞《き》いてない?
いえ…誘《さそ》われたのは覚《おぼ》えてますけど…
ねぇ見《み》せて!ボクわかるかも…
でも、さすがにコレは…
コナン君《くん》でも…
……

コナンはひと目《め》で謎《なぞ》を解《と》き明《あ》かす

高木《たかぎ》刑事《けいじ》は、意味《いみ》不明《ふめい》な数字《すうじ》と記《き》号《ごう》の羅列《られつ》だと思《おも》っていた、手帳《てちょう》の中《なか》にあるメモ書《が》き。ところがコナンは、ひと目見《めみ》ただけでメモ書《が》きが何《なに》を意味《いみ》しているのか見抜《みぬ》いてしまった。

なんかコレ…
曜日《ようび》と時間《じかん》とお店《みせ》の住所《じゅうしょ》とかが書《か》いてあるみたいだよ!
*2*2 5242851388629396973204
6404122142851390690665051195
88714504220401881121128842
8513 5423 41128843 24447144 ##

ポ、
ポアロ!?

それで?伊達《だて》さんのこの手帳《てちょう》の数字《すうじ》が何《なん》でこの店《みせ》になるの?

簡単《かんたん》だよ!

まず、公衆電話《こうしゅうでんわ》や固定電話《こていでんわ》からある電話会社《でんわがいしゃ》のSMS《エスエムエス》センターに電話《でんわ》すると音声《おんせい》ガイダンスが流《なが》れるから…

それに従《したが》って送《おく》り先《さき》の電話番号《でんわばんごう》を入《い》れて…

メッセージの頭《あたま》に「＊2＊2」を入《い》れ、この表《ひょう》の通《とお》りに2つの数字《すうじ》で1つの文字《もじ》を作《つく》りながらメッセージを打《う》ち込《こ》み…

最後《さいご》に「#」を2つ付《つ》ければおしまい!

梓姉《あずさねえ》ちゃん!今《いま》のやり方《かた》で手帳《てちょう》の数字《すうじ》をお店《みせ》の電話《でんわ》からボクのスマホに送《おく》ってくれる?

いいわよ!

ピ ポ パ ポ
送《おく》ったよ!

ブー ブー
ホラ!

メッセージが届《とど》いたでしょ?

ニチヨウ ヒル12ジ ベイカチョウ5−6ポアロ
マドギワ アカイ チョウネクタイ ツケテマテ

		2桁目									
		1	2	3	4	5	6	7	8	9	0
1桁目	1	ア	イ	ウ	エ	オ	A	B	C	D	E
	2	カ	キ	ク	ケ	コ	F	G	H	I	J
	3	サ	シ	ス	セ	ソ	K	L	M	N	O
	4	タ	チ	ツ	テ	ト	P	Q	R	S	T
	5	ナ	ニ	ヌ	ネ	ノ	U	V	W	X	Y
	6	ハ	ヒ	フ	ヘ	ホ	Z	?	!	ー	／
	7	マ	ミ	ム	メ	モ	¥	&	スペース	☎	スペース
	8	ヤ	(	ユ	)	ヨ	*	#	スペース	♥	スペース
	9	ラ	リ	ル	レ	ロ	1	2	3	4	5
	0	ワ	ヲ	ン	゛	゜	6	7	8	9	0

▲手帳《てちょう》の数字《すうじ》と記号《きごう》を固定電話《こていでんわ》に打《う》ち込《こ》むと、携帯電話《けいたいでんわ》にメッセージが届《とど》いた。

数字《すうじ》の羅列《られつ》は固定電話《こていでんわ》から携帯電話《けいたいでんわ》にメッセージを送《おく》るための機能《きのう》だった!!

手帳《てちょう》の数字《すうじ》と記号《きごう》は、伊達刑事《だてけいじ》から高木刑事《たかぎけいじ》へ向《む》けた待《ま》ち合《あ》わせのメッセージだった。伊達刑事《だてけいじ》はポアロで待《ま》ち合《あ》わせて、何《なに》をしようとしてたのか。コナンは、その思惑《おもわく》も推理《すいり》で解《と》き明《あ》かした。

暗号《あんごう》ファイル 12 上《うえ》杉《すぎ》暗《あん》号《ごう》

無敵《むてき》といわれた上杉謙信《うえすぎけんしん》

「川中島激戦之図」（越後佐渡デジタルライブラリーより転載）

戦国最強《せんごくさいきょう》ともいわれる上杉謙信《うえすぎけんしん》 強《つよ》かったのは「上杉暗号《うえすぎあんごう》」の力《ちから》!?

まんがのエピソードの中《なか》でコナンが解説《かいせつ》している、固定電話《こていでんわ》から携帯電話《けいたいでんわ》へ送《おく》れるメッセージサービス。これを利用《りよう》するときに使《つか》った、数字《すうじ》から文字《もじ》への変換《へんかん》入力用《にゅうりょくよう》のリストは、まさに暗号《あんごう》の換字表《かえじひょう》のようだよね。実《じつ》は昔《むかし》の日本《にほん》にも似《に》たような換字表《かえじひょう》の暗号《あんごう》を使《つか》っていた人《ひと》たちがいた。それが、「軍神《ぐんしん》」とも呼《よ》ばれた戦《せん》国大名《ごくだいみょう》・上杉謙信《うえすぎけんしん》と、その配下《はいか》の軍勢《ぐんぜい》なんだ。彼《かれ》らが使《つか》っていた暗号《あんごう》は「上杉暗号《うえすぎあんごう》」と呼《よ》ばれていたよ。

上杉謙信《うえすぎけんしん》は戦国大名《せんごくだいみょう》の中《なか》でも屈指《くっし》の戦上手《いくさじょうず》として知《し》られ、「風林火山《ふうりんかざん》」で有名《ゆうめい》な戦国大名《せんごくだいみょう》・武田信玄《たけだしんげん》とのライバル関係《かんけい》も有名《ゆうめい》だよね。上杉軍《うえすぎぐん》が圧倒的《あっとうてき》に強《つよ》かった要因《よういん》は、もちろん上杉謙信《うえすぎけんしん》の指揮《しき》が優《すぐ》れていて、配《はい》下《か》の軍勢《ぐんぜい》が強《つよ》かったから。それに加《くわ》えて「上杉暗号《うえすぎあんごう》」を使《つか》った軍団内《ぐんだんない》の情報管理《じょうほうかんり》や作戦《さくせん》の伝達《でんたつ》が優《すぐ》れていたからと考《かんが》えられている。つまり重要《じゅうよう》な情報《じょうほう》が他国《たこく》に洩《も》れる心配《しんぱい》が、ほとんどなかったんだ。

日本《にほん》では「上杉暗号《うえすぎあんごう》」が使《つか》われていた時代《じだい》より前《まえ》に、これほどしっかりと作《つく》られた暗号《あんごう》は見《み》つかっていない。つまり、これが日本初《にほんはつ》の本格的《ほんかくてき》な暗号《あんごう》といえるかも!?

上杉謙信《うえすぎけんしん》の軍師《ぐんし》が考案《こうあん》した「字変四十八《じへんしじゅうはち》の奥義《おうぎ》」!!

「上杉暗号《うえすぎあんごう》」を考案《こうあん》したといわれているのは、上杉謙《うえすぎけん》信《しん》の軍師《ぐんし》だった宇佐美定行《うさみさだゆき》。彼《かれ》は上杉謙信《うえすぎけんしん》がライバルの武田信玄《たけだしんげん》と激闘《げきとう》をくり広《ひろ》げた「川中島《かわなかじま》の戦《たたか》い」でも、上杉謙信《うえすぎけんしん》を救《すく》う活躍《かつやく》をしたと伝《つた》えられている。

その宇佐美定行《うさみさだゆき》が、情報《じょうほう》が他国《たこく》に洩《も》れないように考《こう》案《あん》したとされる「上杉暗号《うえすぎあんごう》」は、下《した》の図《ず》のように7×7マスの表《ひょう》に「いろは歌《うた》」の47文字《もじ》と最後《さいご》に「ん」を加《くわ》えた48文字《もじ》を配置《はいち》。1つの文字《もじ》を縦《たて》の行《ぎょう》の数字《すうじ》と横《よこ》の列《れつ》の数字《すうじ》から導《みちび》き出《だ》される位置《いち》、すなわち「座標《ざひょう》」から暗《あん》号文《ごうぶん》の数字《すうじ》が示《しめ》す文字《もじ》を見《み》つけ出《だ》すアルゴリズムの暗《あん》号《ごう》で、「座標式暗号《ざひょうしきあんごう》」と呼《よ》ばれている。まんがのエピソードと同《おな》じように「にちようひる」と伝《つた》える場合《ばあい》、暗《あん》号文《ごうぶん》は「四《よん》・一《いち》・一《いち》・二《に》・一《いち》・三《さん》・三《さん》・四《よん》・二《に》・七《なな》・四《よん》・二《に》」になる。ただし、これだけだと敵《てき》に解読《かいどく》される危険《きけん》があったため、さらに複雑化《ふくざつか》したアルゴリズムも作成《さくせい》。129ページの表《ひょう》のように縦《たて》と横《よこ》の数字《すうじ》を入《い》れ替《か》えたり、数《すう》字《じ》の代《か》わりに和歌《わか》の下《しも》の句《く》を配置《はいち》した表《ひょう》もある。これらの暗号《あんごう》アルゴリズムは宇佐美定行《うさみさだゆき》が書《か》いた兵書《へいしょ》に、「字変四十八《じへんしじゅうはち》の奥義《おうぎ》」という名《な》で記《しる》されているんだ。

いろは47文字《もじ》を配置《はいち》した「字変四十八《じへんしじゅうはち》の奥義《おうぎ》」

七	六	五	四	三	二	一	
ゑ	あ	や	ら	よ	ち	い	一
ひ	さ	ま	む	た	り	ろ	二
も	き	け	う	れ	ぬ	は	三
せ	ゆ	ふ	ゐ	そ	る	に	四
す	め	こ	の	つ	を	ほ	五
ん	み	え	お	ね	わ	へ	六
	し	て	く	な	か	と	七

座標軸《ざひょうじく》をアレンジすると解読《かいどく》が困難《こんなん》に!

三	五	七	一	四	六	二	
ゑ	あ	や	ら	よ	ち	い	三
ひ	さ	ま	む	た	り	ろ	七
も	き	け	う	れ	ぬ	は	一
せ	ゆ	ふ	ゐ	そ	る	に	五
す	め	こ	の	つ	を	ほ	四
ん	み	え	お	ね	わ	へ	二
	し	て	く	な	か	と	六

縦《たて》と横《よこ》の数字《すうじ》を
バラバラに入《い》れ替《か》える

れ	ぐ	う	ゆ	の	き	あ	
ゑ	あ	や	ら	よ	ち	い	つ
ひ	さ	ま	む	た	り	ろ	れ
も	き	け	う	れ	ぬ	は	な
せ	ゆ	ふ	ゐ	そ	る	に	く
す	め	こ	の	つ	を	ほ	み
ん	み	え	お	ね	わ	へ	へ
	し	て	く	な	か	と	し

数字《すうじ》の代《か》わりに和歌《わか》の
下《しも》の句《く》をつける

上杉暗号《うえすぎあんごう》を解読《かいどく》せよ!

❶
七一五四四一
一六六五

❷
六七一五一五
七四五六

❸
しきへきしの
しきしぐれう

※❶はP128の暗号表《あんごうひょう》、❷はP129の数字《すうじ》を入《い》れ替《か》えた表《ひょう》、
❸は和歌《わか》をつけた表《ひょう》で暗号化《あんごうか》しているよ

[答《こた》え]❶とのにあえ(殿《との》に会《あ》え)❷てききたる(敵来《てきき》たる)❸かわなかしま(川中島《かわなかじま》)

「上杉暗号《うえすぎあんごう》」と似《に》た暗号《あんごう》が古代《こだい》ギリシャで発明《はつめい》されていた!?

「上杉暗号《うえすぎあんごう》」のような「座標式暗号《ざひょうしきあんごう》」は、似《に》たようなものが他《ほか》の国《くに》や地域《ちいき》でも使《つか》われていた。その中《なか》でも最《もっと》も古《ふる》いといわれているのが、古代《こだい》ローマ時代《じだい》のギリシャで使《つか》われていた「ポリュビオス暗号《あんごう》」なんだ。

この暗号《あんごう》は紀元前《きげんぜん》100年代《ねんだい》に活躍《かつやく》したギリシャの歴史家《れきしか》で、暗号学者《あんごうがくしゃ》でもあったポリュビオスが作《つく》ったものとされている。下《した》の図《ず》のように5×5マスの表《ひょう》にアルファベットを順番《じゅんばん》に並《なら》べ、縦《たて》の列《れつ》と横《よこ》の行《ぎょう》の数字《すうじ》で文字《もじ》を表《あらわ》していくというアルゴリズムなんだ。この表《ひょう》は「ポリュビオスのチェッカー盤《ばん》」と呼《よ》ばれ、たとえば暗号《あんごう》の数字《すうじ》が「42343211」なら、そこに隠《かく》されている言葉《ことば》は「roma（ローマ）」になるぞ。

ポリュビオス

古代《こだい》ローマ時代《じだい》の紀《き》元前《げんぜん》200年頃《ねんごろ》生《う》まれ。ギリシャの歴史《れきし》家《か》・政治家《せいじか》・軍人《ぐんじん》・暗号《あんごう》学者《がくしゃ》で、世界初《せかいはつ》の「座《ざ》標式暗号《ひょうしきあんごう》」を発明《はつめい》。

ポリュビオスのチェッカー盤《ばん》

	1	2	3	4	5
1	a	b	c	d	e
2	f	g	h	i/j	k
3	l	m	n	o	p
4	q	r	s	t	u
5	v	w	x	y	z

5×5のマス目《め》に
アルファベットを並《なら》べる

「ポリュビオス暗号《あんごう》」は33ページで紹介《しょうかい》した「シーザー暗号《あんごう》」よりも古《ふる》い時代《じだい》に発明《はつめい》された。現代《げんだい》の目《め》で見《み》ると単純《たんじゅん》だけど、文字《もじ》を数字《すうじ》に置《お》き換《か》えるという発想《はっそう》は画期的《かっきてき》なんだ。後《のち》の時代《じだい》に作《つく》られた多《おお》くの暗号《あんごう》の着想《ちゃくそう》のひとつになったと考《かんが》えると、重要《じゅうよう》な存在《そんざい》だよね。

紀元前《きげんぜん》100年代《ねんだい》のギリシャで作《つく》られた「ポリュビオス暗号《あんごう》」と1500年代《ねんだい》の日本《にほん》で作《つく》られた「上杉暗号《うえすぎあんごう》」。この2つの暗号《あんごう》はアルゴリズムがとても似《に》ている。似《に》たのは偶然《ぐうぜん》なのか。それとも長《なが》い年月《ねんげつ》をかけてアイディアが、ギリシャから日本《にほん》まで伝《つた》わったのか。そういった暗号《あんごう》の歴史《れきし》を考《かんが》えると、ワクワクしないかな!?

暗《あん》号《ごう》博士《はかせ》＜番《ばん》外《がい》編《へん》＞

「未《み》配《はい》達《たつ》の荷《に》物《もつ》」

コミックス80巻《かん》に収録《しゅうろく》!!!
名探偵コナン
80

今《こん》回《かい》は番《ばん》外《がい》編《へん》!!

暗《あん》号《ごう》解《かい》読《どく》ではなく
コナンが暗《あん》号《ごう》作《さく》成《せい》に挑《いど》む!!

かわいー!
猫《ねこ》ですか…
大尉《たいい》じゃねーか!
お前《まえ》その猫《ねこ》知《し》ってんのか?
ああ!
毛利探偵《もうりたんてい》事務所《じむしょ》がある5丁目《ちょうめ》辺《あた》りを根城《ねじろ》にしてる野良猫《のらねこ》だよ…
ゲ…
中《なか》に入《はい》りやがった!!
ピョン
ニャー
いたわ!
大《たい》ちゃん!
ーったく、扉《とびら》開《あ》けっ放《ぱな》しじゃねーか!
あ、悪《わる》い…
え?

野良猫《のらねこ》「大尉《たいい》」を追《お》いかけ冷蔵車《れいぞうしゃ》に閉《と》じ込《こ》められたコナンたち!!

公園《こうえん》で遊《あそ》んでいたコナンたちは、喫茶店《きっさてん》ポアロによく出入《でい》りする野良《のら》猫《ねこ》の「大尉《たいい》」が配達中《はいたつちゅう》の冷蔵車《れいぞうしゃ》の中《なか》に入《はい》るのを目撃《もくげき》。助《たす》けるために冷蔵車《れいぞうしゃ》に乗《の》り込《こ》むが、それに気《き》づいていない配達員《はいたついん》に扉《とびら》を閉《し》められてしまう。

冷蔵車《れいぞうしゃ》の中《なか》で死体《したい》を発見《はっけん》！ コナンたちは外《そと》に連絡《れんらく》を取《と》ろうとするが!?

携帯《けいたい》の電波《でんぱ》が入《はい》らない冷蔵車《れいぞうしゃ》に閉《と》じ込《こ》められたコナンたち。犯人《はんにん》の配達員《はいたついん》に気《き》づかれないよう外《そと》と連絡《れんらく》を取《と》るため、コナンは大尉《たいい》にメッセージを託《たく》す。

▼▶メッセージを持《も》った大《たい》尉《い》が、ポアロへ向《む》かうことに期待《きたい》するが。

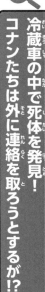

脱出《だっしゅつ》のために、なんとコナンが暗号《あんごう》を作成《さくせい》！その内容《ないよう》は!?

大尉《たいい》が犯人《はんにん》に捕《つか》まっても大丈夫《だいじょうぶ》なように、コナンはレシートを使《つか》ってオリジナルの暗号《あんごう》を作成《さくせい》。パッと見《み》ただけでは普通《ふつう》のレシートだが、コナンが想定《そうてい》する人物《じんぶつ》が読《よ》めば、真意《しんい》が伝《つた》わるように暗号《あんごう》メッセージが記《しる》されているぞ。

あいつらに見《み》られても気《き》づかれねぇ暗号《あんごう》を作《つく》ってやっから…

あ、暗号《あんごう》？

光彦《みつひこ》が持《も》ってたタクシーのレシートは感熱紙《かんねつし》で…

インクじゃなく熱《ねつ》で黒《くろ》く変色《へんしょく》させて文字《もじ》を書《か》いてんだ…

感熱紙《かんねつし》の表面《ひょうめん》には黒《くろ》い色《いろ》の元《もと》になる薬《くすり》と発色剤《はっしょくざい》っていう酸性《さんせい》の薬《くすり》が塗《ぬ》られてて…

発色剤《はっしょくざい》が熱《ねつ》で溶《と》けてもう1つの薬《くすり》に反応《はんのう》し…黒《くろ》い文字《もじ》を浮《う》き出《だ》させるって仕組《しく》みさ…

Card Purchases
4000円
んで、かゆみ止《ど》めに含《ふく》まれてるアンモニアは酸性《さんせい》を打《う》ち消《け》すアルカリ性《せい》だから…

そいつを綿棒《めんぼう》につけてレシートに表示《ひょうじ》されてるCard《カード》の「a《エー》」の文字《もじ》の上《うえ》の部分《ぶぶん》をなぞると…

すごい！

「a《エー》」が「o《オー》」になりました！

Card Purchases

いいか大尉《たいい》！オレ達《たち》の命運《めいうん》はオメーに懸《か》かってんだ…
この任務《にんむ》をしっかり遂行《すいこう》するんだぞ？
ニャッ…

▲暗号《あんごう》が書《か》かれたレシートを大尉《たいい》の首輪《くびわ》に差《さ》し込《こ》む。大尉《たいい》は無事《ぶじ》に冷蔵車《れいぞうしゃ》を脱出《だっしゅつ》できるか!?

冷《れい》蔵《ぞう》車《しゃ》を抜《ぬ》け出《だ》した「大《たい》尉《い》」は喫《きっ》茶《さ》店《てん》ポアロにいる安《あ》室《むろ》の元《もと》へ!!

コナンが暗号《あんごう》メッセージを送《おく》った相手《あいて》は、喫茶《きっさ》ポアロで働《はたら》いている安室《あむろ》透《とおる》。「バーボン」のコードネームを持《も》つ黒《くろ》ずくめの組織《そしき》のメンバーである彼《かれ》なら、暗号《あんごう》を読《よ》み解《と》いてコナンたちのピンチに気《き》づくと信《しん》じたのだが…。

ね、猫《ねこ》だ…
ニャー
猫《ねこ》がコンテナの中《なか》に乗《の》ってるぞ!?

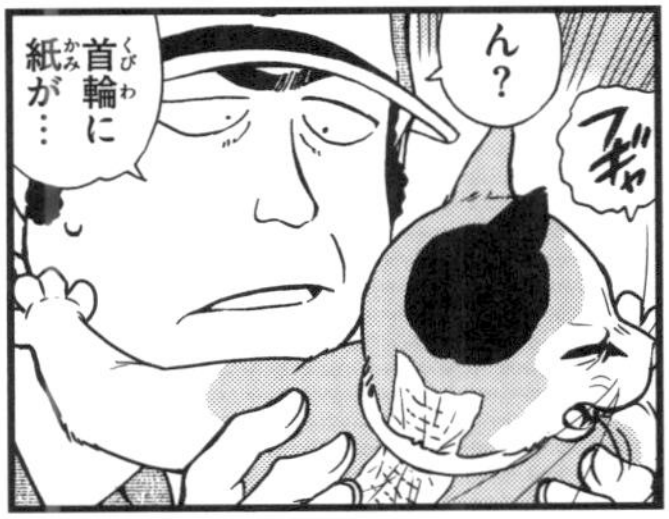
ん?
フギャ
首輪《くびわ》に紙《かみ》が…

▼犯人《はんにん》は首輪《くびわ》に差《さ》し込《こ》まれたレシートに気《き》づいたが、中《なか》の文字《もじ》は読《よ》めなかった。

あ、
コラ…
逃《に》げちまいやがった…
放《ほ》っとけよ…

ふぅ〜〜〜…
後《あと》は大尉《たいい》に託《たく》しましょう!
ねぇ、ちょっと…
あの仔《こ》、ポアロに行《い》くって事《こと》はあの暗号《あんごう》、あの人《ひと》も…
逆《ぎゃく》にあの人《ひと》に見《み》せる為《ため》にあんな暗号《あんごう》にしたんだよ!
すぐに気《き》づいてくれるだろーぜ…
黒《くろ》ずくめの奴《やつ》らの仲間《なかま》…
バーボンならな…

キミも暗《あん》号《ごう》を作《つく》ってみよう

まずは簡単《かんたん》なルールを使《つか》って暗号《あんごう》作《づく》りを楽《たの》しもう！

ここまでいろんな暗号《あんごう》を紹介《しょうかい》してきたけど、秘密《ひみつ》のメッセージをやり取《と》りするのはワクワクするよね。今《こん》度《ど》は自分《じぶん》で暗号作《あんごうづく》りにチャレンジしてみよう！

そのためにまずは、どんなアルゴリズムで暗号《あんごう》を作《つく》るか考《かんが》えよう。暗号《あんごう》の種類《しゅるい》は大《おお》きく分《わ》けると、もとの文字《もじ》を別《べつ》の文字《もじ》に置《お》き換《か》える「換字式暗号《かえじしきあんごう》」と、元《もと》の文字《もじ》を並《なら》び替《か》える「転置式暗号《てんちしきあんごう》」の2つある。初《はじ》めて暗《あん》号《ごう》を作《つく》るなら、メッセージの文字順《もじじゅん》を入《い》れ替《か》えるだけのアナグラムのように、パズル感覚《かんかく》で楽《たの》しめるものからチャレンジしてみよう。そして、もっと解読《かいどく》が難《むずか》しい暗号《あんごう》を作《つく》ってみたくなったら、複雑《ふくざつ》な暗号《あんごう》を用《もち》いるよりも、アナグラムとシーザー暗《あん》号《ごう》などアルゴリズムが分《わ》かりやすい暗号《あんごう》を複数組《ふくすうく》み合《あ》わせるといいよ。

暗号《あんごう》の種類《しゅるい》

換字式暗号《かえじしきあんごう》

A B C D E F
↓ ↓ ↓ ↓ ↓ ↓
E F G H I J

文字《もじ》を別《べつ》の文字《もじ》に置《お》き換《か》える

転置式暗号《てんちしきあんごう》

A B C D E F
↓
C A D E B F

文字《もじ》の位置《いち》を入《い》れ替《か》える

暗号《あんごう》を難《むずか》しくするコツ

メッセージ　ダイスキ
↓ アナグラム
暗号文《あんごうぶん》1　ダスイキ
↓ シーザー暗号《あんごう》（2文字《もじ》ずらす）
暗号文《あんごうぶん》2　ヅソエケ

複数《ふくすう》のアルゴリズムを使《つか》うと難《むずか》しい暗号《あんごう》を作《つく》りやすい

暗号遊《あんごうあそ》びを楽《たの》しむコツは分《わ》かりやすさと手《て》がかり

本物《ほんもの》のスパイだったら他人《たにん》に解読《かいどく》されないよう難《むずか》しい暗号《あんごう》を作《つく》る必要《ひつよう》があるけど、友《とも》だちと遊《あそ》びで暗号《あんごう》を解《と》きあう場合《ばあい》、難《むずか》しすぎていつまでも解読《かいどく》できないと逆《ぎゃく》に面白《おもしろ》くないよね。なるべく分《わ》かりやすいルールで、難易度《なんいど》の高《たか》すぎない暗号《あんごう》を作《つく》ることが、みんなで暗号遊《あんごうあそ》びを楽《たの》しむためのコツだよ。また、メッセージが長《なが》すぎると暗号《あんごう》の解読《かいどく》も大変《たいへん》になるので、内容《ないよう》を短《みじか》くまとめてから暗号化《あんごうか》しよう。

難《むずか》しい暗号《あんごう》を作《つく》るぞ！
何《なん》だこれは？

暗号《あんごう》を難《むずか》しくしすぎて相手《あいて》が理解《りかい》できないと楽《たの》しくない

そしてもう一《ひと》つ忘《わす》れてはいけないのが、どんな暗号《あんごう》もヒントが一切《いっさい》なければ解読《かいどく》するのは難《むずか》しいということ。そこで、暗号《あんごう》を作《つく》ったら解読《かいどく》の手《て》がかりも残《のこ》すようにしよう。たとえば、文字列《もじれつ》から「た」の文字《もじ》だけを抜《ぬ》く「たぬき暗号《あんごう》」の場合《ばあい》、暗号文書《あんごうぶんしょ》にたぬきの絵《え》を描《えが》いたり「このメッセージはたぬき暗号《あんごう》だよ」という文《ぶん》章《しょう》を加《くわ》えることが手《て》がかりだ。この手《て》がかりも表現《ひょうげん》の仕方《しかた》によって暗号《あんごう》の難易度《なんいど》を調整《ちょうせい》できるので、いろいろ工夫《くふう》してみるといいよ。

暗号《あんごう》はアイデア1つで誰《だれ》でも手軽《てがる》に作《つく》ることができ、みんなで謎解《なぞと》きやパズルのように遊《あそ》ぶことができる頭脳《ずのう》ゲームだ。クイズを楽《たの》しむような感覚《かんかく》で、まずは秘密《ひみつ》の暗号文《あんごうぶん》を作《つく》ってみよう！

たかたたらおた
けたにたたたい
たこう

「た」ぬき

暗号《あんごう》を理解《りかい》できるよう手《て》がかりを記《しる》そう

現代《げん》《だい》と未来《み》《らい》の暗号《あん》《ごう》の世界《せ》《かい》

！ネット上《じょう》の暗号技術《あん》《ごう》《ぎ》《じゅつ》の進化《しん》《か》と「量子《りょう》《し》コンピュータ」の脅威《きょう》《い》!!

現在《げん》《ざい》、暗号《あん》《ごう》がもっとも使《つか》われている場所《ば》《しょ》といえばインターネット。ネット上《じょう》の通販《つう》《はん》や各種手続《かく》《しゅ》《て》《つづ》きでは、個人《こ》《じん》情報《じょう》《ほう》やクレジットカードの暗証番号《あん》《しょう》《ばん》《ごう》などを入力《にゅうりょく》する場合《ば》《あい》がある。そのデータは悪意《あく》《い》を持《も》った他人《た》《にん》に覗《のぞ》かれたり、改《かい》ざんされたりする危険性《き》《けん》《せい》があるんだ。それを守《まも》るセキュリティとしてデータの暗号化《あん》《ごう》《か》が行《おこな》われているよ。

ところが、暗号《あん》《ごう》を解読《かい》《どく》する技術《ぎ》《じゅつ》も進歩《しん》《ぽ》している。その要因《よう》《いん》が、暗号解読《あん》《ごう》《かい》《どく》に使《つか》われるコンピュータの進化《しん》《か》。中《なか》でも注視《ちゅう》《し》されているのが、現在開発《げん》《ざい》《かい》《はつ》が進《すす》む「量子《りょう》《し》コンピュータ」の存在《そん》《ざい》なんだ。量子《りょう》《し》コンピュータは計算能力《けい》《さん》《のうりょく》が高《たか》く、通常《つう》《じょう》のコンピュータでは解《と》くまでに膨大《ぼう》《だい》な時間《じ》《かん》が必要《ひつ》《よう》な計算《けい》《さん》でも、短時間《たん》《じ》《かん》で解《と》ける場合《ば》《あい》がある。そのため、今使《いま》《つか》われている暗号《あん》《ごう》の多《おお》くが解読《かい》《どく》される可能《か》《のう》性《せい》があるんだ。その危険《き》《けん》からデータを守《まも》れるように、研究者《けん》《きゅう》《しゃ》たちはより強固《きょう》《こ》な暗号《あん》《ごう》の開発《かい》《はつ》を進《すす》めているよ。

ネットワーク社会《しゃ》《かい》に暗号《あん》《ごう》は欠かせない

CREDIT CARD
¥
BANK
E《イー》メール
ネットショッピング
ネットバンキング

コンピュータで扱《あつか》われる暗号《あんごう》はすべてが「数字《すうじ》」に変換《へんかん》されている!!

普段《ふだん》みんなが使《つか》う、スマートフォンやパソコンなどのコンピュータのアプリやソフトは、日本語《にほんご》などで操作《そうさ》ができる。でも、コンピュータ自体《じたい》は数字《すうじ》しか扱《あつか》えないので、すべての言葉《ことば》は数字《すうじ》に置《お》き換《か》えて扱《あつか》われるんだ。文字《もじ》を数字《すうじ》に置《お》き換《か》えることを「コード化《か》」、置《お》き換《か》えられた数字《すうじ》を「文字《もじ》コード」と呼《よ》ぶぞ。文字《もじ》コードには、いくつかの種類《しゅるい》が存在《そんざい》するけど、一般的《いっぱんてき》によく使《つか》われているのは「ASCII《アスキー》コード」というもの。ASCII《アスキー》コードでは、アルファベットや記号《きごう》などの文字《もじ》を0から127の数字《すうじ》にいったん置《お》き換《か》える。たとえば、アルファベットの「A《エー》」をコード化《か》すると「65」に、「Z《ゼット》」をコード化《か》すると「90」など、割《わ》り当《あ》てられた数字《すうじ》に変換《へんかん》されていくぞ。ただし、この文字《もじ》コードもそのままでは使《つか》えない。コンピュータは、すべての計算《けいさん》を「0と1」で構成《こうせい》された2進数《しんすう》で行《おこな》っているため、文字《もじ》コードを再度《さいど》2進数《しんすう》に置《お》き換《か》える必要《ひつよう》があるんだ。「65」なら「01000001」に、「90」なら「01011010」になるぞ。

コンピュータ上《じょう》での暗号化《あんごうか》は、この2進数《しんすう》の数字《すうじ》を複雑《ふくざつ》なアルゴリズムで、別《べつ》の数字《すうじ》に置《お》き換《か》えている。人《ひと》が自力《じりき》で解読《かいどく》するのは不可能《ふかのう》なほど、複雑《ふくざつ》なものなんだ。

コンピュータが処理《しょり》できるのは0と1の数字《すうじ》だけ

コンピュータで文字《もじ》を数字《すうじ》へとコード化《か》

A ——→ **65** ——→ **01000001**

ASCII《アスキー》コードで0〜127の数字《すうじ》に置《お》き換《か》える

コンピュータが処理《しょり》する2進法《しんほう》の数字《すうじ》に置《お》き換《か》える

デジタル時代《じだい》の世界標準《せかいひょうじゅん》！公募《こうぼ》で決《き》まった「DES《ディーイーエス》暗号《あんごう》」!!

20世紀《せいき》に入《はい》りコンピュータが普及《ふきゅう》し始《はじ》めると、企業《きぎょう》の取引《とりひき》などでより多《おお》くの人《ひと》が暗号《あんごう》を必要《ひつよう》としてきた。でも、各企業《かくきぎょう》がそれぞれ別《べつ》の暗号《あんごう》を使《つか》っていては不便《ふべん》なため、1973年《ねん》にアメリカ政府《せいふ》が商用《しょうよう》で使《つか》う共通《きょうつう》の暗号方式《あんごうほうしき》を公募《こうぼ》。そこで採用《さいよう》されたのが「DES《ディーイーエス》暗号《あんごう》」なんだ。この暗号《あんごう》は文字《もじ》を2進数《しんすう》に置《お》き換《か》え、64桁《けた》の数字《すうじ》をいったん1つのブロックにまとめる。そのブロックの左側《ひだりがわ》32桁《けた》と右側《みぎがわ》32桁《けた》を入《い》れ替《か》えたり、「鍵《かぎ》」と呼《よ》ばれる56桁《けた》の数字《すうじ》を加算《かさん》して暗号化《あんごうか》を行《おこな》っていくぞ。最初《さいしょ》は政府《せいふ》と企業《きぎょう》の取引《とりひき》でのみ使《つか》われた「DES《ディーイーエス》暗号《あんごう》」だけど、その後一般《ごいっぱん》に公開《こうかい》され、企業同士《きぎょうどうし》の取引《とりひき》でも使《つか》われるようになったんだ。1981年《ねん》にはアメリカの規格協会《きかくきょうかい》に認《みと》められ、世界標準暗号《せかいひょうじゅんあんごう》になったぞ。

それまで秘密《ひみつ》にするのが当《あ》たり前《まえ》だった暗号《あんごう》のアルゴリズムを公開《こうかい》した「DES暗号《ディーイーエスあんごう》」は、以降《いこう》の時代《じだい》の暗号研究《あんごうけんきゅう》に大《おお》きな影響《えいきょう》を与《あた》えた。この「DES暗号《ディーイーエスあんごう》」を参考《さんこう》にして、その後多《ごおお》くの暗号《あんごう》が作《つく》られることになったんだ。

DES《ディーイーエス》による暗号化《あんごうか》のしくみ

平文《ひらぶん》を64けたのブロックに分《わ》ける

A B C D E F G H = 8文字《もじ》

0	1	0	0	0	0	0	1

2進法《しんほう》の数字《すうじ》

1文字《もじ》8けた×8=64けた

⬇

「加算《かさん》」と「転置《てんち》」を16回《かい》くり返《かえ》す

⬇

64けたの数字《すうじ》の暗号文《あんごうぶん》が完成《かんせい》

「D《ディー》E《イー》S《エス》暗《あん》号《ごう》」はもはや安全《あんぜん》ではない!? 次世代《じせだい》の期待《きたい》を背負《せお》った「A《エー》E《イー》S《エス》暗《あん》号《ごう》」!!

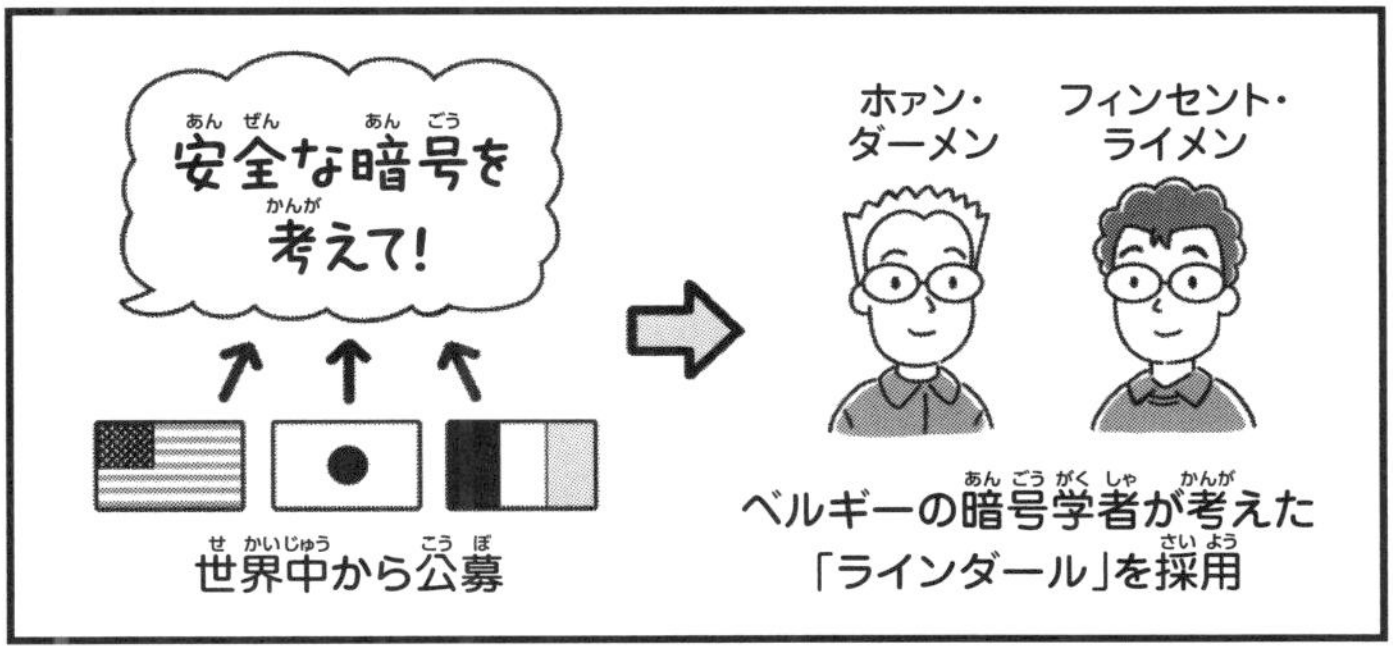

1990年代《ねんだい》に入《はい》ると多《おお》くの政府《せいふ》や企業《きぎょう》の間《あいだ》で、「D《ディー》E《イー》S《エス》暗《あん》号《ごう》」が本当《ほんとう》に安全《あんぜん》なのかという疑問《ぎもん》が持《も》たれるようになった。そこでアメリカ政府《せいふ》は、1997年《ねん》に全世《ぜんせ》界《かい》へ向《む》けて次世代《じせだい》の「A《エー》E《イー》S《エス》暗《あん》号《ごう》」を公募《こうぼ》。同《おな》じ年《とし》には「D《ディー》E《イー》S《エス》暗《あん》号《ごう》」の安《あん》全性《ぜんせい》を確認《かくにん》するため、解読《かいどく》コンテストも開催《かいさい》されたぞ。第《だい》1回《かい》のコンテストでは、優勝者《ゆうしょうしゃ》は7万台《まんだい》のコンピュータを使《つか》い、140日間《にちかん》かけて暗号《あんごう》を解読《かいどく》。ところが、2年《ねん》後《ご》の第《だい》4回《かい》のコンテストの優勝者《ゆうしょうしゃ》は、インターネットでつないだ世界中《せかいじゅう》のコンピュータと専用《せんよう》の解読機《かいどくき》を使《つか》い、総当《そうあ》たり法《ほう》にて22時間《じかん》15分《ふん》で暗号《あんごう》を解読《かいどく》してしまった。この結果《けっか》「D《ディー》E《イー》S《エス》暗《あん》号《ごう》」が安全《あんぜん》ではないことが証明《しょうめい》され、次世代暗号《じせだいあんごう》の登場《とうじょう》が待《ま》たれるようになったんだ。

1997年《ねん》に公募《こうぼ》された次世代暗号《じせだいあんごう》には日本《にほん》を含《ふく》む多《おお》くの国《くに》から応募《おうぼ》があった。そして2000年《ねん》に、ベルギーの企業《きぎょう》と大学《だいがく》が共同開発《きょうどうかいはつ》した暗号《あんごう》が「A《エー》E《イー》S《エス》暗《あん》号《ごう》」に採用《さいよう》されたんだ。この暗号《あんごう》は、「D《ディー》E《イー》S《エス》暗《あん》号《ごう》」と同《おな》じ共《きょう》通鍵暗号方式《つうかぎあんごうほうしき》であるが、暗号《あんごう》に使《つか》われる「鍵《かぎ》」は128桁《けた》以上《いじょう》もあり、総当《そうあ》たり法《ほう》で解読《かいどく》される危険性《きけんせい》が低《ひく》いんだ。「A《エー》E《イー》S《エス》暗《あん》号《ごう》」は現在《げんざい》でも無線《むせん》LAN《ラン》や表計算《ひょうけいさん》ソフトのファイル保存《ほぞん》に使《つか》われていて、多《おお》くの人《ひと》の生活《せいかつ》に役《やく》立《だ》っているよ。

D《ディー》E《イー》S《エス》暗《あん》号《ごう》からの進化《しんか》ポイント

鍵《かぎ》の長《なが》さが3種類《しゅるい》に

↓

鍵《かぎ》が長《なが》くなることで安全性《あんぜんせい》が増《ま》す

暗号《あんごう》アルゴリズムをすべて公開《こうかい》

↓

不明《ふめい》な部分《ぶぶん》がないので安心《あんしん》して使《つか》える

「公開鍵《こうかいかぎ》」と「秘密鍵《ひみつかぎ》」でデータを守《まも》る「RSA《アールエスエー》暗号《あんごう》」!!

データを暗号化《あんごうか》する場合《ばあい》と、復号《ふくごう》する場合《ばあい》の両方《りょうほう》で使用《しよう》される暗号《あんごう》の「鍵《かぎ》」。その取《と》り扱《あつか》いは、昔《むかし》から暗号《あんごう》を研究《けんきゅう》する人《ひと》たちにとって頭《あたま》を悩《なや》ます問題《もんだい》だった。暗号《あんごう》がどれだけ強固《きょうこ》になっても、「鍵《かぎ》」が盗《ぬす》まれたり、間《ま》ちがえて他《ほか》の人《ひと》に送《おく》ってしまうと、暗号《あんごう》の安全性《あんぜんせい》が失《うしな》われてしまうからだ。そんな根本的《こんぽんてき》な問題《もんだい》を解決《かいけつ》するために考案《こうあん》されたのが「公開鍵暗号《こうかいかぎあんごう》」という方式《ほうしき》。それを採用《さいよう》した暗号《あんごう》のひとつが「RSA《アールエスエー》暗号《あんごう》」なんだ。

「RSA《アールエスエー》暗号《あんごう》」には「公開鍵《こうかいかぎ》」と「秘密鍵《ひみつかぎ》」という2種類《しゅるい》の「鍵《かぎ》」が存在《そんざい》。下《した》の図《ず》のように受《う》け取《と》る側《がわ》のB《ビー》さんが2つの「鍵《かぎ》」を用意《ようい》し、送《おく》る側《がわ》のA《エー》さんに「公開鍵《こうかいかぎ》」を渡《わた》す→A《エー》さんは「公開鍵《こうかいかぎ》」でデータを暗号化《あんごうか》→データを受《う》け取《と》ったB《ビー》さんは「秘密鍵《ひみつかぎ》」でデータを復号《ふくごう》する。2つの「鍵《かぎ》」は対《つい》で、「公開鍵《こうかいかぎ》」で暗号化《あんごうか》したデータは「秘密鍵《ひみつかぎ》」でしか復号《ふくごう》できない仕組《しく》みになっているんだ。

この「RSA《アールエスエー》暗号《あんごう》」は1977年《ねん》に開発《かいはつ》されていたが、開発当初《かいはつとうしょ》はあまり注目《ちゅうもく》されていなかった。しかし、90年代後半《ねんだいこうはん》に「鍵《かぎ》」の重要性《じゅうようせい》が高《たか》まると「RSA《アールエスエー》暗号《あんごう》」が注目《ちゅうもく》され、広《ひろ》く使《つか》われるようになったんだ。

RSA《アールエスエー》暗号《あんごう》が実現《じつげん》した「公開鍵暗号《こうかいかぎあんごう》」のしくみ

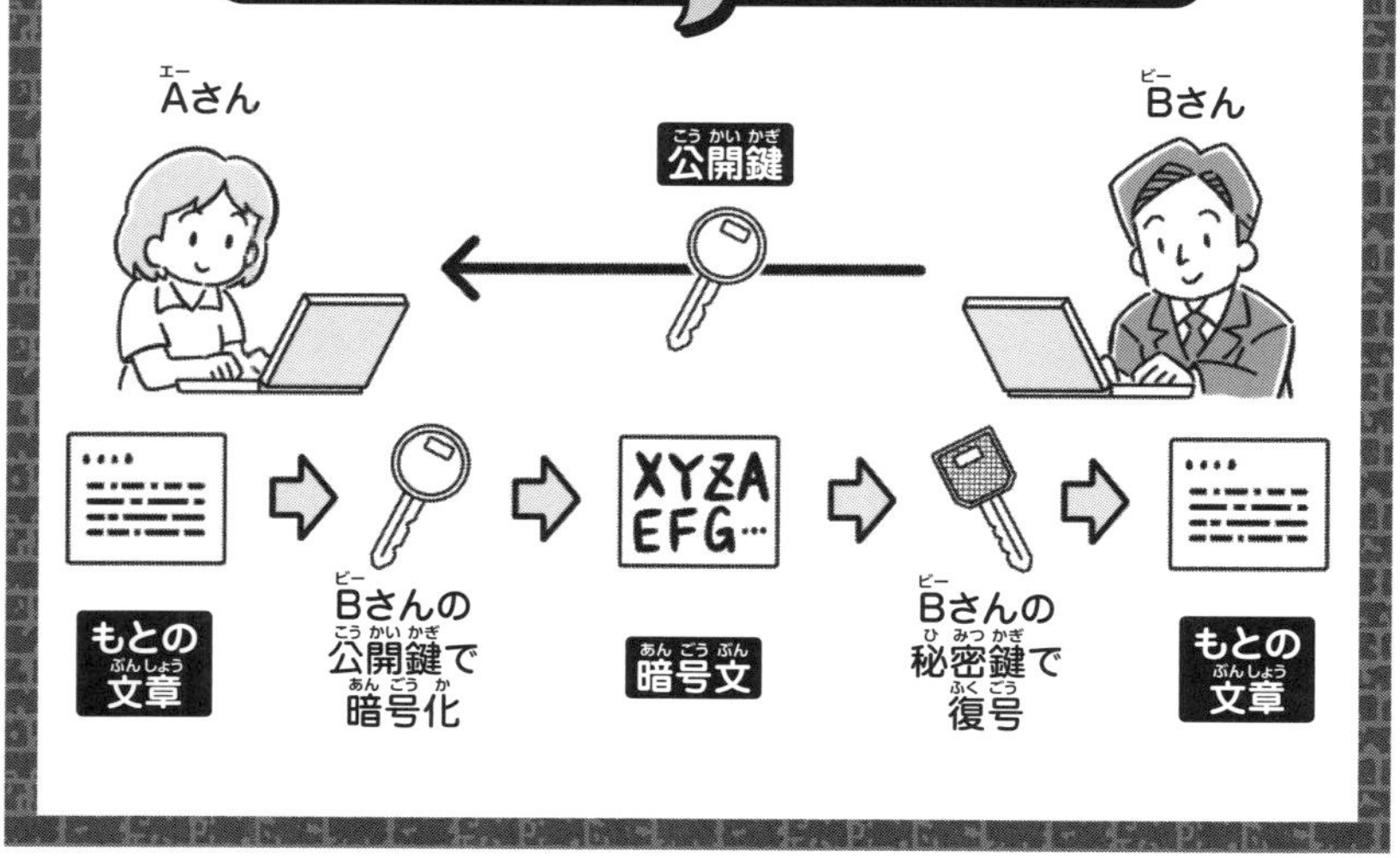

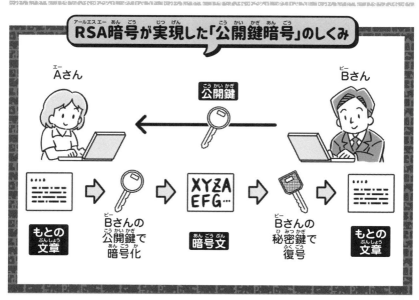

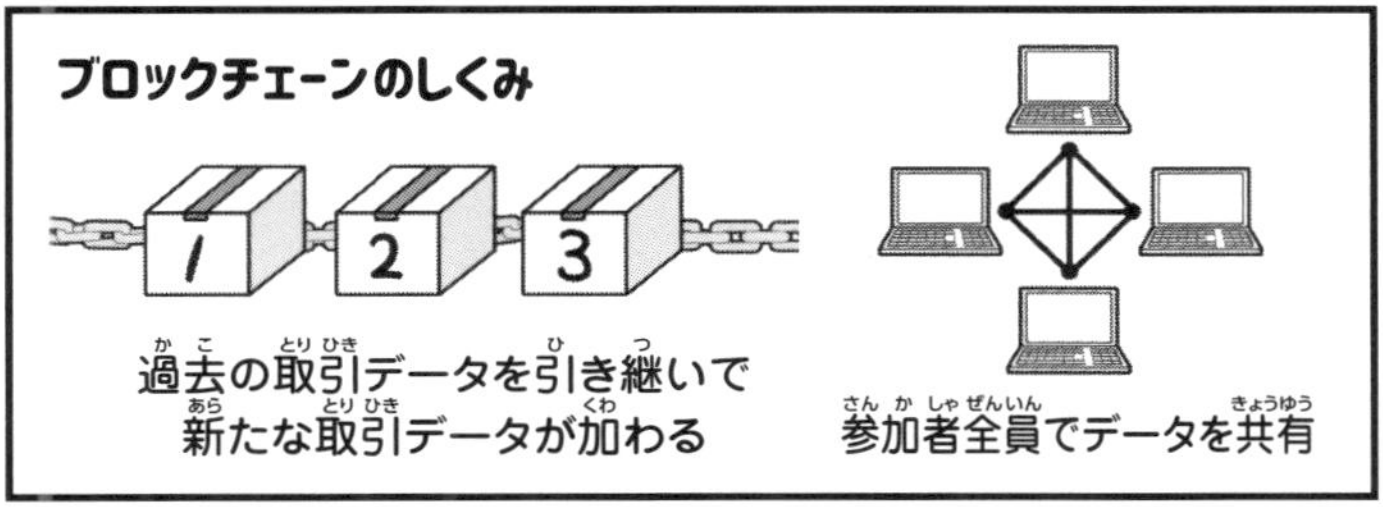
ブロックチェーンのしくみ
1
2
3
過去《かこ》の取引《とりひき》データを引《ひ》き継《つ》いで
新《あら》たな取引《とりひき》データが加《くわ》わる
参加者全員《さんかしゃぜんいん》でデータを共有《きょうゆう》

現代《げんだい》から次世代《じせだい》へ! 暗号《あんごう》の未来《みらい》の鍵《かぎ》は「量子《りょうし》」!?

新《あたら》しい暗号技術《あんごうぎじゅつ》が使《つか》われている世界的《せかいてき》なシステムのひとつに「ブロックチェーン」がある。これは、「ビットコイン」などの暗《あん》号資産《ごうしさん》を支《ささ》えるシステム。取引《とりひき》の内容《ないよう》をブロック化《か》して保存《ほぞん》し、そのデータを参加者全員《さんかしゃぜんいん》で共有《きょうゆう》することで、不正《ふせい》な取引《とりひき》を防《ぼう》止《し》しているんだ。この取引《とりひき》で使《つか》うデジタル署名《しょめい》(デジタルのハンコに似《に》たもの)に、最新《さいしん》の公開鍵暗号《こうかいかぎあんごう》が使《つか》われているよ。ただし、ブロックチェーンで使《つか》われている暗号《あんごう》には今後《こんご》の不安《ふあん》もある。その要因《よういん》が138ページでも解説《かいせつ》した「量子《りょうし》コンピュータ」の存在《そんざい》。圧倒《あっとう》的《てき》な計算《けいさん》能力《のうりょく》で、多《おお》くの暗号《あんごう》が解《と》かれてしまう可能性《かのうせい》があるといわれている。

ところが、量子《りょうし》コンピュータに対《たい》抗《こう》する新技術《しんぎじゅつ》の開発《かいはつ》も始《はじ》まっている。それが「耐《たい》量子計算機暗号《りょうしけいさんきあんごう》」と「量子暗号《りょうしあんごう》」。耐量子計算機暗号《たいりょうしけいさんきあんごう》は量子《りょうし》コンピュータの圧倒的《あっとうてき》な計算能力《けいさんのうりょく》でも解読《かいどく》できないように工夫《くふう》がされている。量子暗号《りょうしあんごう》は「鍵《かぎ》の配送《はいそう》」に量子力学《りょうしりきがく》の性質《せいしつ》を利用《りよう》して、「鍵《かぎ》」が配送中《はいそうちゅう》のぞき見《み》られた場合《ばあい》、必《かなら》ず分《わ》かる仕組《しく》みになっている。のぞき見《み》られた「鍵《かぎ》」を使《つか》わないことで、「鍵《かぎ》」の秘密《ひみつ》を守《まも》っているよ。

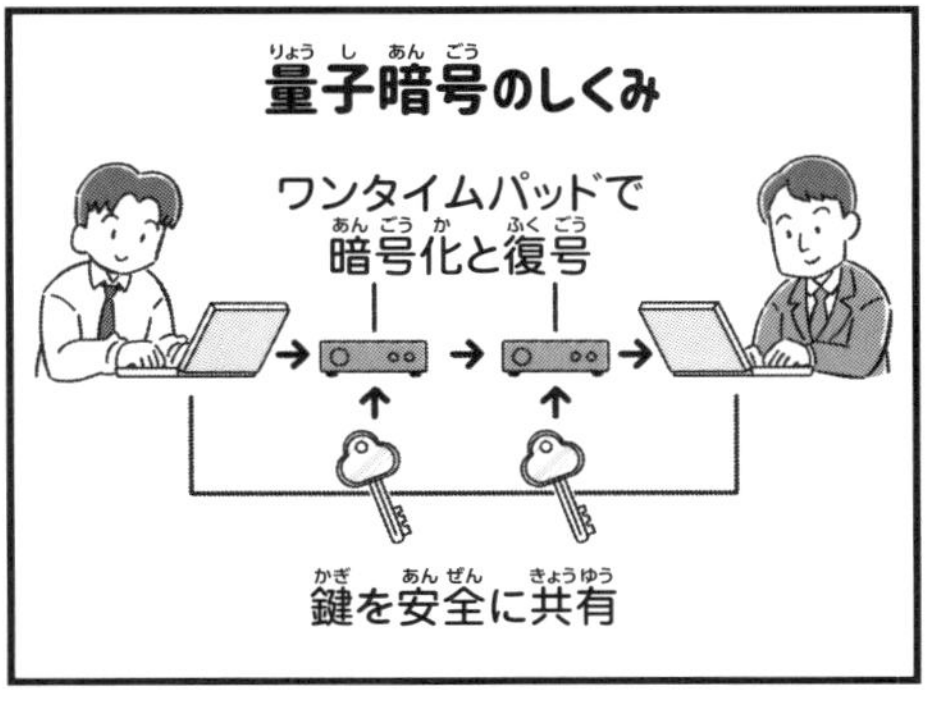
量子暗号《りょうしあんごう》のしくみ
ワンタイムパッドで
暗号化《あんごうか》と復号《ふくごう》
鍵《かぎ》を安全《あんぜん》に共有《きょうゆう》

「暗号《あんごう》」は普段《ふだん》はあまり見《み》かけることがないけど、インターネットを利用《りよう》したビジネスや、デジタル機器《きき》を使《つか》ったみんなの生活《せいかつ》に欠《か》かせない、重要《じゅうよう》な存在《そんざい》なんだ。

名探偵コナンの
暗号博士

2024年12月23日　初版第1刷発行

原作／青山剛昌

監修／国立研究開発法人情報通信研究機構（NICT）
サイバーセキュリティ研究所 セキュリティ基盤研究室

編集協力／株式会社ダン、山田雅巳
イラスト／石井じゅんのすけ、神内アキラ、杉浦由紀、牧森小倉
デザイン／安斎 秀（ベイブリッジ・スタジオ）
協力／栢森美奈子
編集／飯塚洋介

発行人／野村敦司
印刷所／三晃印刷株式会社
製本所／牧製本印刷株式会社

発行所／株式会社 小学館
〒101-8001 東京都千代田区一ツ橋2-3-1
電話　編集 03-3230-5432　販売 03-5281-3555

［写真・資料提供］（五十音順・敬称略）
越後佐渡デジタルライブラリー　サイネットフォト

［参考文献］
『暗号の大研究 歴史としくみをさぐろう!』（監修：伊藤正史／PHP研究所）
『暗号学 歴史・世界の暗号からつくり方まで』（稲葉茂勝／今人舎）　『暗号解読』（サイモン・シン／新潮社）
『暗号技術の教科書』（吹田智章／ラトルズ）　『絶対に見られない世界の秘宝99』（ダニエル・スミス／日経ナショナルジオグラフィック社）
『世界大百科事典』（平凡社）　『日本大百科全書』（小学館）　『日本国語大辞典』（小学館）　『山川世界史小辞典』（世界史小辞典編集委員会／山川出版社）
『漢字の成り立ち：『説文解字』から最先端の研究まで』（落合淳思／筑摩書房）　『ふしぎ!おどろき!文字の本3　古代の文字』（監修：町田和彦／ポプラ社）
『点字 はじめの一歩』（黒崎恵津子／汐文社）　『警察用語の基礎知識』（古野まほろ／幻冬舎）

［参考ウェブサイト］
九州国立博物館　消防官Q&A集　日テレ人材センター　A1 CLUB　taxisite

Printed in Japan　ISBN978-4-09-259235-3